완전한
행복

완전한 행복

발행일	2019년 12월 25일		
지은이	임승만		
펴낸이	손형국		
펴낸곳	(주)북랩		
편집인	선일영	편집	오경진, 강대건, 최예은, 최승헌, 김경무
디자인	이현수, 김민하, 한수희, 김윤주, 허지혜	제작	박기성, 황동현, 구성우, 장홍석
마케팅	김회란, 박진관, 조하라, 장은별		
출판등록	2004. 12. 1(제2012-000051호)		
주소	서울특별시 금천구 가산디지털 1로 168, 우림라이온스밸리 B동 B113~114호, C동 B101호		
홈페이지	www.book.co.kr		
전화번호	(02)2026-5777	팩스	(02)2026-5747

ISBN   979-11-6299-670-6 03230 (종이책)   979-11-6299-671-3 05230 (전자책)

이 도서의 국립중앙도서관 출판예정도서목록(CIP)은 서지정보유통지원시스템 홈페이지(http://seoji.nl.go.kr)와
국가자료공동목록시스템(http://www.nl.go.kr/kolisnet)에서 이용하실 수 있습니다.
(CIP제어번호: CIP2019051928)

(주)북랩 성공출판의 파트너
북랩 홈페이지와 패밀리 사이트에서 다양한 출판 솔루션을 만나 보세요!
홈페이지 book.co.kr   •   **블로그** blog.naver.com/essaybook   •   **출판문의** book@book.co.kr

육신의 행복에 영혼의 행복을 입혀라

완전한 행복

임승만 지음

북랩 book Lab

이 책을 쓸 수 있도록 건강 주시고 여건 주신 하느님께 진정으로 감사드립니다.

이 책은 평범하게 살아가는 사람들을 위한 행복 이야기입니다. 사실 행복이란 인간이 살아가는 이유입니다. 인간이 살아가는 목적과 방법, 가치관을 나타내는 매우 포괄적이고 복잡한 것입니다. 그러므로 최대한 실제적이고 행복한 삶의 라이프스타일에 한정하여 기술하고자 노력했습니다.

아무쪼록 짧은 인생 동안 행복하기를 원하시는 분들께 위로와 힘이 되었으면 좋겠습니다. 이 책이 독자님들의 인생길에 좋은 내비게이션이 된다면 저로서는 더없는 기쁨이요, 영광입니다. 독자님들께서 현명하고 창의적인 생각으로 이 책의 내용보다 더 멋지고 훌륭한 인생을 사시기 바랍니다.

부족한 사람을 위하여 평생 지지해 주고 신뢰해 준 아내에게 감사합니다.

끝으로 저를 낳아 주시고 먹여 주시고 입혀 주시고 교육해 주신 부모님께 이 책을 올립니다.

2019년 겨울

임승만(안토니오)

목차

제3장 행복은 선택입니다

제4장 영적 행복

제1장

행복에 대하여

제1장

복 있는 사람은 악인들의 꾀를 따르지 아니하며 죄인들의 길에 서지 아니하며 오만한 자들의 자리에 앉지 아니하고 오직 여호와의 율법을 즐거워하여 그의 율법을 주야로 묵상한다

- 성경 시편 1장

행복 추구는
인간 최고의 권리입니다

사람이 자식을 백 명이나 낳고 그의 수명이 다하도록 오랜 세월을 산
다 하여도 그의 갈망이 행복으로 채워지지 않고 또한 그가 제대로 묻히
지 못한다면 내가 말하건대 그보다는 유산아가 더 낫다

- 성경 코헬렛 6장

행복은 선물이다

행복 추구는 파랑새와 같은 관념적인 것이 아닙니다. 고통과 불
쾌감이 없고, 나아가 기쁨과 만족감을 몸과 마음으로 느끼는 실제
적 감정입니다. 국가는, 모든 국민의 행복 추구권을 지켜 주어야
합니다.[1]

소크라테스의 제자인 아리스티포스(B.C. 435~355)를 비롯하여 제

---

1 대한민국 헌법 10조.

러미 벤담과 그의 제자이며 공리주의자인 존 스튜어트 밀 (1806~1873) 등 많은 철학자들은 대체로 행복이란 인간에게 고통이 없으며 기쁨과 쾌락을 누리는 상태라고 말했습니다. 각 개인이 행복해야 사회가 행복하고 국가가 행복합니다. 따라서 개인의 행복은 인간이 추구하는 최고 목표이며, 가치입니다. 독일의 성자, 안젤름 신부는 "하루를 살아도 행복하게 살라"고 말했습니다. 그만큼 행복은 중요합니다. 내가 행복할 때 하느님도 행복해하시며 기뻐하십니다.

그러나 이 행복은 인간의 노력에 의해서만 누릴 수 있다고 말하기는 어려운 측면이 있습니다. 성경은 고통이 없고 기쁘고 쾌락한 행복은 하느님이 주시는 '선물'이라고 말하고 있습니다.

행복은 인격이다

행복은 무엇보다 마음을 다스리고 바르고 온전하게 살면 부산물로 따라옵니다. 또 행복은 인간의 노력으로만 결정된다기보다는 위에서 주어지는 것입니다. 또 우리 속담에 '초년고생은 사서라도 한다'는 말이 있듯이 행복은 준비한 자에게 찾아옵니다.

인간은 모든 환경 가운데 최선을 선택하여 누릴 줄 아는 지혜가 필요합니다. 행복은 정원사가 정원을 가꾸듯 아름답게 가꾸어 나가야 합니다. 인생을 잘 관리하는 사람만이 행복을 누리게 될 것입니다. 행복이란 삶에서 단편적으로 느끼는 감정이 아니라 궂은 상황에서도 변함없이 느끼는 지속적인 기분 좋은 감정입니다. 행복한 국가는 행복한 개인으로부터 옵니다. 인격의 완숙함에 따라 행복을 더 많이 느낄 수 있을 것입니다. 그래서 행복은 훌륭한 인격에 달려 있습니다.

모든 인간이 자기의 온갖 노고로 먹고 마시며 행복을 누리는 것은 하느님의 선물이다.

- 성경 코헬넷 3장

행복은 선택이다

인생의 매 순간이 금쪽보다 귀합니다. 돈은 추후에 벌 수도 있지만 한 번 놓쳐 버린 행복의 시간은 다시 오지 않습니다. 그러므로 정말 주어진 시간에 행복해야 합니다. 인생은 녹화가 아닙니다. 컴퓨터처럼 포맷도 안 됩니다. 인생은 재출발도 안 됩니다. 인생은 지우개도 없습니다. 한 번 태어난 자기의 정체성(identity)은 영원히 소멸되지 않습니다.

지금 100세 시대라고 하지만 한양대 모 교수는 생명공학의 발전으로 인하여 재수 없으면 200세까지 살 수 있다고 말했습니다. 그러나 건강하고 행복하지 않은 인생이라면 오히려 괴로움을 더하는 것인데 장수가 무슨 소용입니까? 내 인생은 내가 주인입니다. 어느 누구도 내 인생에 개입할 수 없으므로 행불행은 주어진 여건에서 나 자신의 선택 여하에 달려 있습니다. 그리고 내 삶의 방식(life-style)에 따라 행복의 깊이가 달라집니다.

행복은 마음속에 있다

어린아이들은 하루에 까르르하고 수백 번 웃고, 심지어 자면서도 웃습니다, 그리고 20대는 하루에 수십 번 웃는다고 합니다. 그러나 시니어들은 하루 종일 단 한 번도 웃지 않습니다. 행복한 사람은 잘 웃습니다. 웃음이 없다는 것은 이미 활력을 상실한 것입니다. 행복은 어린아이들처럼 작은 일에도 웃고 즐거워하며 기뻐하는 것입니다.

고대 설화 중 이런 얘기가 있습니다.

<행복은 불순물을 걷어내야 한다>

하늘나라에서 하느님의 주재로 연례총회가 열렸습니다. 수많은 천사들이 모여 하느님의 관심사인 인간의 행복에 관하여 토론하였습니다. 우선 인간들이 과연 행복을 누릴 수 있는 자격이 있는가 하는 문제부터 격론이 벌어졌습니다.

천사들의 일부는 인간들이 세상에 사는 동안 권력과 명예와 돈에만 집착하여 살기 때문에 이들에게 행복이라는 하느님의 귀한 선물을 받게 해서는 안 된다고 어필하였습니다. 그러나 대다수의 천사들은 고단하게 사는 인간들에게 연민의 정을 가지고 있었으며 인간들에게 행복을 누릴 수 있도록 배려해 주어야 한다고 주장했습니다.

그러나 반대하는 천사들의 입장을 고려하여 행복을 쉽게 찾지 못하도록 감추어 두자는 전제조건을 달았습니다. 이에 인간의 행복을 반대하는 천사들도 동의하였고 권력에 대한 욕망과 육체의 정욕, 그리고 이기심으로 충만한 인간의 마음 한복판에 행복을 감추어 두기로 의견일치를 보았습니다.

왜냐하면 인간은 마음속에 이러한 불순물이 있는 한 깨끗하고 평화로운 행복을 찾기는 그리 쉽지 않을 것이라고 추정했기 때문입니다. 그 후로 지금까지 줄곧 행복은 인간의 마음속에 불순물과 함께 뒤섞여 있습니다.

그래서 인간들은 이 세속적 탐욕이라는 불순물을 걷어내야만 행복을 찾을 수 있습니다.

그리스 신화에는 이런 얘기가 있습니다.

<미다스왕의 황금 손>

황금에 홀딱 빠진 미다스왕, 그는 옛날 지중해의 어느 섬나라 통치자였습니다. 그는 풍족한 축복 속에 살면서도 감사를 모르고 연일 연락(宴樂)하며 낭비적 삶을 살고 있었습니다. 또 행복은 황금을 많이 소유하는 데 있다고 굳게 믿고 물질에 단단히 집착하는 어리석은 자였습니다. 현세적인 만족에 자신의 전 생애를 걸 만큼 바보스러웠습니다.

그러던 중 어느 날, 와인의 신인 디오니소스 신의 일행이 미다스왕 국을 통과하게 되었는데 디오니소스 신의 동행자이자 그의 스승이었던, 실레노스(술의 신 바커스의 양아버지인 뚱보 노인)가 여독으로 인한 피로로 인해 일행에서 낙오되었고 미다스왕의 아름다운 정원에서 잠에 빠져들었습니다.

정원을 한가로이 거닐던 미다스왕은 실레노스 노인이 자기 정원에서 기진맥진하여 곤히 잠을 자고 있는 것을 발견하고 즉시 자기 왕궁 안에 모셔다가 후하게 접대하고 극진히 돌보아 주었습니다. 게다가 얼마간 더 유숙하도록 배려하였습니다. 그러고는 며칠 후 친절하게도 이 뚱보 노인을 디오니소스 신에게 직접 바래다 주었습니다.

디오니소스 신은 자기 스승을 융숭하게 대접한 미다스왕에게 무언가 귀한 선물을 주고 싶었습니다. 그래서 소원을 말하면 무엇이든지 들어주겠다고 약속했습니다. 황금을 최고로 여기는 미다스왕은 기회를 놓칠세라 뭣이든지 자기가 만지는 것마다 황금이 되게 해 달라고 간청하였습니다. 디오니소스 신은 후회하지 않겠느냐고 몇 번이나 미다스왕에게 되물었지만 왕이 하도 간절히 청원하는 바람에 왕의 소원을 들어줄 수밖에 없었습니다.

이에 쾌히 승낙을 얻은 미다스왕은 한 번 시험해 보았습니다.

정말 그가 손을 내밀어 만지는 책상, 양탄자, 테이블, 커튼, 의자, 창문 등 무엇이든지 황금으로 변하는 것을 확인하고 뛸 듯이 기뻐했습니다. 정원에 있는 해먹(hammock), 과일, 정원수들이 미다스왕의 손이 닿는 순간 황금이 되었습니다. 그러나 저녁 식사를 하려고 하는데 식탁의 빵이며 음료수 그리고 술잔과 안주가 황금으로 둔갑하는 바람에 아무것도 먹지 못해서 배고파 죽을 지경이었습니다. 미다스왕은 오직 딸과 함께 살고 있었는데 때마침 가장 사랑하는 딸이 아버지를 위로하고자 궁에 들어오자 왕은 그녀를 포옹했습니다. 그 순간 딸이 이내 황금조각상(彫刻像)으로 변해 버렸습니다.

상황이 이렇게 되자 미다스왕은 극도의 공포심을 갖게 되었습니다. 황금 손은 축복이 아니라 저주임을 깨달았습니다. 그리고 그의 탐욕에 대하여 크게 반성하고 디오니소스 신을 찾아가 두 무릎을 꿇고 엎디어 빌었습니다. 디오니소스 신은 그의 딱한 사정을 듣고 민망히 여겨 팍토루스 강가에 가서 손을 씻으면 원래대로 회복될 것이라고 계시하였습니다. 그러면서 앞으로는 무슨 일을 하기 전에 경솔하지 말고 깊이 생각하라고 타일렀습니다.

미다스왕이 팍토루스 강에 가서 손을 씻자마자 그의 황금 손 저주가 풀렸고 그 강가의 모래사장은 반짝이는 사금이 되었으며 황금 조각상으로 변했던 딸도 예전으로 회복되었습니다. 왕은 너무 기뻤습니다. 왕은 궁에 돌아가자마자 자기 재물을 모든 사람들에게 공평하게 나누어주고 탐욕을 버렸습니다. 탐욕스러운 재물은 저주(詛呪)라는 사실을 절실히 깨닫고 깊이 회개하였습니다. 그 뒤 백성들은 평화롭게 살았고 미다스왕은 죽은 후에도 백성들로부터 자비의 왕으로 영원히 기억되었습니다.

행복
콘텐츠

만족

> 우리가 무슨 일이든지 우리에게서 난 것 같이 스스로 만족할 것이 아니니, 우리의 만족은 오직 하느님으로부터 나느니라.
>
> - 성경 고린도후서 3장

행복은 탐욕을 억제해야 한다

식물의 성장 3대 요소는 물, 햇빛, 그리고 온도입니다. 행복에도 만족, 기쁨, 희망(死後生)이라는 3대 여건(與件)이 있습니다. 이 세 가지 중 어느 것 하나도 빼놓을 수 없습니다. 잠깐의 만족과 기쁨은 세상을 사는 동안 누구나 쉽게 경험할 수 있는 것들입니다. 만족이 없으면 늘 불행하고 부족하며 마치 브레이크 없는 탐욕 열차가 질주하는 것과 같습니다. 기쁨은 곧 사람의 생명이며 인간의 장수에 절대 필요한 요소입니다. 그리고 이 만족과 기쁨을 더욱 확고하게 만드는 역할을 해 주는 것이 바로 영적 행복입니다. 육신적 만족과 기쁨 위에 영적 행복이 더해질 때 비로소 '행복의 잔'이 넘칠 것입니다.

인류의 불행은 언제나 현재 가지고 있는 것을 생각하지 않고 늘 아직 가지지 못한 것에 눈을 돌리기 때문입니다. 심지어 이러한 인간의 이기심 때문에 국가 간 전쟁이 발생하기도 합니다. 아직 가지지 못한 것에 대하여 끊임없이 생각한다면 이것은 행복을 느끼지 못하게 하는 치명적인 질병입니다. 불행은 무엇이 부족해서가 아니라 만족하지 못해서 생기는 불만족(不滿足)이라는 고질병입니다.

행복은 절제(節制)에 있다

행복이란 절제로 이루어집니다. 무엇이 풍족하고 차고 넘쳐서가 아니라 자기 형편에 맞는 수준에서 절제하고 자제하는 것입니다. 인간의 마음은 잠시 충족된다 하더라도 이내 허기를 느끼기 마련입니다. 인간의 욕심은 마치 느슨한 고무줄 치마를 입고 식사하는 것처럼 한없이 늘어납니다. 그러므로 자족은 자기 분수 내에서 넉넉하다고 생각하는 수준에서 절제하는 것입니다. 여기에는 오직 자기 훈련이 필요합니다. 남과 비교하거나 질투하지 않아야 합니다.

작은 행복의 조각들이 우리 주변에 널려 있습니다. 먹고 마시는 것, 걷고 산책하기, 따스한 햇볕, 은은한 달빛, 하늘에서 내리는 보슬비, 길가에 피어있는 들꽃, 산들바람, 아이들의 뛰노는 모습, 시냇물의 쫄쫄거리는 소리, 모두가 행복의 파편들입니다. 겸허한 사람들은 이러한 것들을 그저 미소로 받아들이고 즐길 줄 아는 사람들입니다. 행복이란 우리의 태도이며 라이프스타일에 달려 있습니다.

작은 행복들이 많이 모이면 큰 행복이 됩니다. 바라보는 것들을 아름답게 보면 행복이 됩니다. 그저 아름답다고 생각하면 아름답고, 추하다고 생각하면 추하게 보입니다. 그러므로 행복은 만물을 대하는 우리의 태도와 생각 여하에 달려 있습니다.

이솝 우화에는 이런 이야기가 있습니다.

<황금알을 낳는 거위 이야기>

옛날 옛적 한 마을에 욕심 많은 농부와 그의 아내가 비교적 행복하게 살았습니다. 어느 날 농부는 거위 한 마리를 사기로 하였습니다. 거위가 알을 낳으면 먹고 남는 것은 팔아서 돈을 벌 수 있다고 상상했습니다. 그래서 그는 시장에서 거위를 사 가지고 알을 잘 낳도록 예쁜 둥우리를 만들어 주었습니다. 다음 날 아침 농부는 거위의 알을 잔뜩 기대하면서 둥우리로 갔습니다. 이게 웬일입니까? 놀랍게도, 거위는 황금알을 낳았습니다. 부부는 미친 듯이 기뻐 뛰었습니다.

농부는 이내 마을로 내려가서 황금알을 아주 비싼 가격에 팔았습니다. 그리고 그 거위는 매일매일 황금알을 한 개씩 어김없이 낳기 시작했습니다. 마침내 농부는 그 황금알을 팔아서 큰 부자가 되었습니다. 그런데 농부가 황금알로 부자가 된 후, 이들 부부는 더욱 큰 욕심쟁이가 되었습니다.

어느 날 농부 아내가 남편에게 속삭였습니다. "거위 안에 있는 알을 모두 꺼낼 수 있다면 더 빨리 부자가 될 수 있을 것 같지 않아요?" 농부는 "당신 말이 옳아요. 우리는 매일 거위가 알을 낳을 때까지 기다릴 필요 없어요" 하고 아내의 말에 맞장구쳤습니다.

그래서 부부는 거위 뱃속의 황금알을 한꺼번에 꺼내기로 작정하고 다음 날 둥우리로 가서 거위를 잡아다가 거위배를 갈랐습니다. 그러나 거위 뱃속에는 아무것도 없었습니다. 거위는 불쌍하게 죽어버렸고 그 뒤로 부부는 영원히 황금알을 얻지 못하게 됐습니다. 더 큰 부자가 될 수 있었는데 탐욕 때문에 좋은 기회를 날려버리고 말았습니다.

행복은 자족(自足)함에 있다

공자는 인간 나이 70세를 종심소욕불유구(從心所慾不踰矩)라 하였습니다. 즉, 70세가 되면 자기가 무엇이든 하고자 하는 대로 욕심을 내어도 도를 넘지 않더라는 것입니다. 그렇다고 70세가 되면 누구나 노력하지 않아도 인간의 마음 한복판에 박힌 탐욕이라는 가시가 저절로 빠질까요?

만족이 없는 사람은 마치 밑 빠진 독에 물을 붓는 것과 같습니다. 항상 만족하지 못하고 불만하는 사람은 급박하게 매달리는 중독증 환자와 같습니다. 그들은 "지금보다 조금만 더 모으자"라고 말합니다. 마치 도박이나 주식에 빠져 있는 사람처럼 말입니다. 아무리 많아도 "조금만 더 채우자"라고 말하는 갈증과 허기가 채워지지 않는 정신적 불만족 상태입니다.

만족할 줄 모르는 사람은 남과 비교를 잘하는 사람입니다. 이런 사람은 아직 자기 삶의 철학이 확고하지 못하고 자기중심이 서 있지 않은 사람입니다. 만족할 줄 아는 삶만이 조화된 삶을 유지할 수 있습니다.

성경에 등장하는 사도바울은 정말 어려운 환경에서도 자족(自足)할 줄 아는 사람이었습니다.

> 내가 궁핍하므로 말하는 것이 아니니라. 어떠한 형편에든지 나는 자족하기를 배웠다. 나는 비천에 처할 줄도 알고 풍부에 처할 줄도 알아 모든 일, 곧 배부름과 배고픔과 풍부와 궁핍에도 처할 줄 아는 일체의 비결을 배웠다.
>
> - 성경 빌립보서 4장

바울 사도는 어떠한 형편에서도 '자족(自足)'하기를 배웠다고 말했습니다. 그 비결이 무엇이었을까요?

<바울이 그리스도를 위해 받은 고난>

사도 바울은 수고를 넘치도록 하고 감옥에 갇히기도 하고 매도 수 없이 맞고 여러 번 죽을 뻔하였습니다, 유대인들로부터 39대의 매를 다섯 번 맞았으며 세 번 태장으로 맞고 한 번은 돌로 맞고 세 번이나 파선(破船)하고 1주야를 감감한 바다에서 지냈으며 여러 번 여행하면서 강(江)의 위험과 강도의 위험과 동족의 살해 위험과 이방인의 위험과 도시에서의 위험과 광야의 위험과 바다의 위험과 거짓 형제 중의 위험을 당하고 또 수고하며 애쓰고 여러 번 잠을 자지 못하고 굶주리며 목마르고 여러 번 굶고, 춥고, 헐벗었습니다.

그는 삶과 죽음의 경계를 수시로 넘나든 사람이었습니다. 그러므로 그는 이 세상의 어떠한 것도 기대하거나 바라지 않았습니다. 한마디로 세상이 주는 그럴듯한 모든 것을 포기한 사람이었지요. 그는 세상을 사랑함이 영원한 세계에 들어가는 데 전혀 도움이 되지 않는다는 것을 철저하게 깨달았습니다. 사실 보통 사람들은 욕심을 억제하는 정도로 만족함을 구하지만 그는 그리스도 외에는 이 세상의 어떠한 것에도 관심이 없는, 뼛속까지 그리스도인이었습니다. 그는 그리스도 외에는 모든 것을 쓰레기로 여겼습니다. 그렇다고 모든 사람이 사도 바울처럼 살 수는 없을 것입니다. 그는 우리가 본받아야 할 최고 삶의 모델입니다.

세상에는 부를 생활의 주관이나 줏대로 삼고 우쭐대며 살아가는 사람도 있으나 반면에 세상적인 것을 추구하지 않는 영적인 사람들도 있습니다. 만일 누가 만족할 줄 모른다면 사도 바울처럼 이 세상에 대하여 자기가 세속에 대하여 죽은 자처럼 여기면 될 것입니다. 신부님들이 검은 제의를 입는 것은 세상(罪)에 대하여 죽었다는 자기선언의 의미라고 들었습니다. 누구든지 자기가 이 불만족 병에 걸려들었다고 깨닫기만 해도 거기서 헤어 나올 수 있습니다.

인간의 욕심이라는 심리적 공간은 산으로도 못 메우고 대양의 바닷물로도 못 채웁니다. 그 공간이 너무 커서 오직 하느님으로만 채울 수 있습니다.

> 우리가 무슨 일이든지 우리에게서 난 것 같이 스스로 만족할 것이 아니니 우리의 만족은 오직 하느님으로부터 나느니라
>
> - 성경 고린도후서 3장

우리 마음속 부족함의 갈증은 하느님이 아니면 죽을 때까지 채워지지 않을 것입니다. 그만큼 인간의 탐욕이라는 심리적 공간은 우주보다 크고 넓습니다. 세상을 다 가져도 허기를 느끼는 게 인간의 마음입니다.

기쁨

> 마음의 기쁨은 곧 사람의 생명이며, 즐거움은 곧 인간의 장수이다
>
> - 성경 집회서 30장

> 항상 기뻐하십시오
>
> - 성경 데살로니가 첫째 편지

행복은 창조다

인간의 기본 감정은 희로애락(喜怒哀樂)입니다. 기쁨(喜)은 욕구가 충족되었을 때의 즐거운 마음이나 느낌입니다. 그리고 즐거움(樂)은 마음에 거슬림이 없이 흐뭇하고 기쁜 느낌이나 마음을 말합니다. 근본적으로 희(喜)와 락(樂)은 크게 다르지 않습니다. 기쁨은 현세의 세속적 욕심을 포기한 자에게 주어지는 보상(報償)이며 슬픔은 재물에 매달리는 자가 치러야 할 대가입니다.

그런데 우리는 알게 모르게 세상의 염려와 근심으로 기쁨을 상실하고 인생을 낭비하며 살아갑니다. 기쁨이 있어야 할 마음속에 어제의 후회와 내일의 불안이 대신 자리 잡고 있다면 불행입니다. 기쁨은 주어지는 것이기도 하지만 창의적으로 만들 수도 있습니다. 예를 들면 모든 일에 의미를 부여하고 그날을 축하하고 기쁨의 날로 삼는 것입니다. 조그마한 일일지라도 거기에 의미를 부여하고 가족들끼리, 아니면 가까운 사람들끼리 모여 함께 기뻐하고 즐거워한다면 기쁨이 가득할 것입니다.

우리는 살다 보면 크게 즐거워하고 축하해야 될 일도 무심코 흘려보낼 때가 많이 있습니다. 다음은 잭 니컬슨과 모건 프리먼이 주연으로 나오는 영화 〈버킷리스트〉 중의 대화입니다.

> "고대 이집트인들은 그들의 영혼이 저승에 다다르면 두 가지 질문에 맞닥뜨린다고 합니다. 그 질문에 대한 답이 천국에 들어갈 수 있느냐 없느냐를 판가름합니다. 첫째, 인생에서 기쁨을 찾았습니까? 둘째, 당신의 삶이 다른 사람들에게 기쁨을 준 적이 있습니까?"

즉, 사는 동안에 얼마나 행복하게 살았는가, 얼마나 행복을 이웃과 나누었는가가 중요하다는 것을 표현한 것입니다

창의적으로 행복한 삶을 만들어 가야 합니다. 생일이 얼마나 귀하고 의미 있는 날입니까? 카톡에서 지인들의 생일 정보를 얻을 수 있습니다. 생일날에서부터 결혼기념일, 입학일, 졸업일, 자녀들이 학교생활에서 상을 받거나 칭찬을 받은 날, 유쾌한 일 등 소소한 일까지 그냥 스쳐 보내지 않고 함께 기뻐하고 축하하는 것입니다. 달력에 빼곡히 기뻐하고 축하해 줄 기념일들을 적어놓고 그날들을 함께하며 서로 응원하며 격려하고 기뻐한다면 힘든 인생 여정도 한껏 즐거워질 것입니다. 그래서 기쁨은 창의적인 것이라고 말할 수 있습니다. 기쁨의 날을 많이 만드십시오. 그러면 행복의 잔이 넘칠 것입니다. 항상 격려와 칭찬의 말을 아끼지 마십시오. 칭찬은 얼굴에 화색(和色)이 돌게 합니다.

인생은 그렇게 길지 않습니다. 축하하고 덕담을 나누며 즐거워하기에도 턱없이 짧습니다. 기쁨을 만들기 위한 노력이 필요합니다. 세상에 거저 얻어지는 것이 없습니다. 오늘 아무것도 하지 않으면 좋은 내일이 오지 않습니다. 오늘 행복의 씨앗을 심어야 내일 행복의 열매를 딸 수 있습니다.

눈물을 흘리며 씨를 뿌리는 자는 기쁨으로 거두리로다

- 성경 시편 126편

사람이 무엇으로 심든지 그대로 거두리라

- 성경 갈라디아서 6장

심은 대로 거두는 것은 자연법칙입니다. 덕담을 하면 덕담이 돌아오고 증오를 심으면 증오가 부메랑으로 돌아옵니다. 그러므로 우리는 항상 좋은 씨를 뿌려야 합니다. 내가 상대에게 기뻐하는 말을 하면 내게 기쁨의 메아리로 돌아옵니다. 남에게 베풀면 반드시 기뻐할 일이 생깁니다.

기쁨의 씨앗이란 무엇입니까? 그것은 내게 성공을 주고 남에게 기쁨을 주고자 하는 노력입니다. 내가 힘쓰고 애쓴 만큼 기쁨이 찾아옵니다. 인생은 기회입니다. 행복을 캐내십시오. 가능한 모든 기회를 행복의 기회로 창조하는 지혜가 필요합니다. 무엇이든지 고통과 수고 없이 저절로 굴러오는 것은 없습니다. 모든 일에는 해산의 수고가 따릅니다.

영적희망(靈的希望)

하느님을 잊어버리는 자의 길은 다 이와 같고 저속한 자의 희망은 무너지리니

- 성경 욥기 8장

행복은 희망이다

인간은 영적 희망으로 사는 특별한 존재입니다. 우리는 자신뿐만 아니라 세상을 떠나기 직전의 사람들에게도 희망을 말해야 합니다. 사람의 귀(耳)는 제일 늦게까지 기능합니다. 인간의 영적 양식은 희망입니다. 임사 체험을 한 사람이 자신의 장례식장에서 사람들이 주고받은 대화들을 정확히 기억한 사례도 있습니다. 그러므로 혼수상태일지라도 사랑한다는 말과 영원히 행복할 것이라는 희망의 말을 해 주어야 합니다. 인간의 생명은 희망에 달려 있습니다.

다음은 그리스 신화의 희망에 관한 이야기입니다.

\<판도라 상자 이야기\>

제우스 신이 인간들에게 벌을 주려고 대장공이 헤파이스토스 신에게 '화용월태(花容月態)의 섹시한 여자를 만들라'라고 지시하였습니다. 그리하여 최초의 여성이 태어났습니다. 모든 신들은 앞다투어 이 여성에게 여러 가지 특별한 것을 선사했습니다. 탐스럽고 탱탱한 젖가슴, 촉촉한 입술, 섹시하고 육감적인 보디라인, 남자를 호리는 혀를 주었습니다. 그래서 그 여인에게 '모든 선물'이라는 뜻의 '판도라'라는 이름이 붙여졌습니다. 에피메테우스는 판도라의 아름다움에 매료되어 그녀와 결혼하였고 제우스 신이 에피메테우스에게 결혼 선물로 판도라 상자를 선물했습니다.

남편은 부인 판도라에게 그 상자를 절대 열어보지 말라고 신신당부하고 외출했습니다. 그러나 판도라는 궁금증과 호기심을 끝끝내 참을 수 없었습니다. 그녀가 그 상자 뚜껑을 조금 여는 순간, 청천벽력 같은 사고가 발생했습니다. 상자 안에 갇혀 있던 질병, 실망, 질투, 자살, 온갖 사악한 마음, 절망 등 부정적인 것들이 일순간에 상자를 힘껏 박차고 나와 공중에 흩어졌습니다. 이때부터 세상이 혼탁해졌습니다. 당황한 판도라가 혼비백산(魂飛魄散)하여 부랴부랴 있는 힘을 다하여 뚜껑을 닫았습니다. 판도라는 모든 게 다 깡그리 날아간 줄로 인식했으나 상자 속에서 꿈틀거리며 비상(飛翔)하려는 '희망'이 웅크리고 있었습니다. 판도라 상자 덕분에 오늘날 세상에는 희망이 남아 있습니다.

다음은 2011년 8월 21일 CNN 뉴스에서 본 내용입니다.[2]

<넝마주이 고아가 팝페라 가수가 되었다>

넝마주이에서 희망으로 일어선 한 멋진 청년이 있습니다. 1990년 2월 18일 서울에서 출생한 29세의 최 모 씨, 그는 세 살 때 고아원에 버려졌고 5세에 고아원에서마저도 왕따가 되어 길거리로 쫓겨났습니다. 그는 먹고살기 위해 대전의 홍등가 나이트클럽에서 드링크제와

---

2 Paula Hancocks, 'Korean singer's rags to riches story', <CNN>, 2011.8.11.

껌을 팔아 입에 풀칠했습니다. 손님을 방해한다는 이유로 조폭들로부터 여러 번 심하게 구타당했으며 급기야 산으로 끌려가 구덩이에 파묻히기까지 했습니다. 그가 흙에 묻힐 때 얼굴을 양손으로 가려서 흙이 눈과 코에 들어가는 것을 막았습니다. 얼마간 시간이 흐른 다음 조폭들이 떠난 후 탈출에 성공하였습니다. 그는 자기 목숨을 끊으려고 시도했습니다. 그는 스스로 태어나지 말아야 할 인생, 의미 없는 인생이라고 비관하며 여러 번 자살을 시도했지만 실패하였습니다.

어느 날 나이트클럽에서 들려오는 음악이 애처로운 그를 너무나 편안하게 해 주고 지칠 대로 지친 그의 신세를 보듬어 주었습니다. 이때 그는 훌륭한 팝페라 가수가 되겠다고 결심했습니다. 그는 바로 그의 인생의 전환점(turning point)을 스스로 만들어 냈습니다. 마침내 인터넷에서 음악 선생님을 찾았고 성악가였던 박 선생이라는 분을 만나게 되었습니다. 이 청년을 만난 박 선생은 그가 너무나 음악에 열정적이어서 거절할 수 없었고 그 형편을 알고 나니 레슨비를 청구할 수도 없었다고 말했습니다. 박 선생은 그가 중학교와 고등학교 검정고시에 합격하도록 지도해 주었습니다.

그는 당시 대전에서 전기, 난방, 수도, 어느 것 하나 없는 열악한 컨테이너 박스에서 살았습니다. 그러나 그가 세상에 알려진 후로 정부가 지원하는 아파트에서 살게 되었습니다. 일약 넝마주이에서 스타가 된 것입니다. 그는 자기와 같이 절망 가운데 있는 사람들에게 노래로써 희망을 줄 수 있어 기쁘다고 말했습니다.

그래서 어린 시절 희망 하나로 일어선 그는 2012년 초록우산 어린이재단 홍보대사가 되어 고통 받는 이들에게 희망을 나누어 주고 있습니다. 2017년에 대한민국 인재상(人才賞)도 받았습니다.

다음은 아우슈비츠에서 구사일생한 빅터 프랭클(1905~1997) 이야기입니다.

<지옥에서 살아난 빅터 프랭클 박사>[3]

유태인인 프랭클은 아우슈비츠 수용소에서 어머니와 아내를 잃고 자신과 여동생만 간신히 생존할 수 있었습니다. 그가 죽음의 수용소에서 살아남을 수 있었던 것은 오로지 미래에 대한 희망 때문이었습니다. 사실 그는 그들이 자기를 죽일 수도 있지만 자기의 희망과 정신만큼은 빼앗아 갈 수 없다는 것을 분명히 알았습니다. 그리고 그는 죽음 저 너머에 먼저 떠난 어머니와 아내, 그리고 하느님이 간절히 응원하고 있다는 신념을 결코 버리지 않았습니다.

---

3 빅터 프랭클 지음, 이희재 옮김, 『그래도 나는 삶이 의미 있는 것이라고 생각한다』, 열린사회, 1998.

우리 민족의
행복 기준

행복은 현재에 대한 만족을 최대화하는 것입니다.

흔히 복은 타고난다고들 합니다. 그래서 안 되는 놈은 뒤로 넘어 져도 코가 깨진다는 속담도 있지요. 사람마다 또 국가마다 다르겠 지만 우선 우리나라 사람들이 생각하는 복의 개념에 대하여 알아 보겠습니다.

중국 고대 정치 문서를 편집한 『서경』의 「홍범」 편에 다섯 가지 복 — 수(壽), 부(富), 강녕(康寧), 유호덕(攸好德), 고종명(考終命) — 이 나옵니다. 이를 우리가 오복(五福)이라고 합니다.

첫째, 오래 살고(壽), 둘째, 풍족하게 살며(富), 셋째, 건강하게 살 고(康寧), 넷째, 이웃이나 다른 사람을 위하여 보람 있는 봉사를 하 면서 착하게 살고(攸好德) 다섯째, 자기 삶을 아름답게 마무리하고 모든 사회적인 소명을 달성하며 남을 위하여 봉사한 뒤에는 객지 가 아닌 자기 집에서 편안히 일생을 마치는 것(考終命)입니다.

비록 중국 사람에게서 나온 인생 철학이지만 오랜 세월 동안 우리나라 사람들의 행복의 기준으로 자리 잡아 왔습니다. 내용을 뜯어보면 세상에서 건강하게 부유하게 잘 살다가 편안히 죽기를 바라는 매우 소박한 행복 소원을 표출한 것입니다.

그러나 이 모든 것들도 인간의 노력만 가지고는 달성될 수 없는 것들이라는 것은 쉽게 알 수 있습니다. 장수도, 건강도, 부자도 어디 마음먹은 대로 됩니까? 우리나라에서 매년 교통사고로 뜻하지 않게 별안간 사망하는 사람이 2018년에만 3,781명이었습니다. 이 세상에 행복하게 살고 싶지 않고, 부자 되기 싫은 사람이 있을까요?

우리 인생은 모든 게 우리 뜻대로 되는 것 같으면서도 한편으로는 보이지 않는 손이 우리 인생을 지배하고 있다는 생각을 지울 수 없습니다. 흔히들 팔자나 운명이라고도 말합니다. 그러므로 하느님의 뜻에 관심을 두고 살 필요가 있습니다. 우리가 행복을 누릴 수 있다면 이는 전적으로 하느님의 은혜입니다. 충북 음성의 '꽃동네' 건립에 기여한 최귀동 씨는 "얻어먹을 수 있는 힘만 있어도 하느님의 은혜"라고 하였습니다. 사실 숨 쉬는 것도 내 마음대로 통제할 수 없습니다. 어느 것 하나 내 마음대로 되는 것이 없습니다. 우리는 출생국가나 부모나 형제를 내 의지대로 선택할 수 없습니다. 그것들은 그저 주어졌습니다. 태어남 자체도 우리의 선택에 의한 것이 아닙니다. 행복은 주어진 조건에서 최상의 방법을 찾는 것입니다.

유엔(UN)의
행복 요소 6가지

인생이란 대단히, 대단히, 대단히 중요한 것이다.

진지한 표정으로 거론할 수 있는 그런 정도의 하찮은 것이 아니다.

- 오스카 와일드

매년 3월 20일은 유엔이 정한 '세계 행복의 날'입니다. 부탄의 총리가 2011년 유엔에 세계 행복의 날을 제안하였고 유엔은 이를 받아들여 2012년 3월 20일을 세계 행복의 날로 선포하였습니다. 유엔은 2013년 4월에 최초로 '웰빙과 행복'에 관한 내용으로 '세계 행복 보고서'를 펴냈습니다. 그 뒤로 매년 정례적으로 국가별 세계 행복 순위를 발표합니다.

2019년에 유엔이 발표한 세계 행복 보고서에 따르면, 핀란드는 2년 연속 세계 최고 행복 국가입니다. 덴마크, 노르웨이, 아이슬란드, 그리고 네덜란드가 뒤를 잇고 있습니다. ① 소득, ② 자유, ③ 신뢰, ④ 건강, ⑤ 수명, ⑥ 사회적 지지 및 관대함과 같은 복지를 뒷받침하는 여섯 가지 핵심 항목을 국가별로 조사해서 발표한 것인데 우리나라는 2019년에 54위를 차지했습니다. 선진국일수록 더 성공해야 되고 더 가져야 된다는 치열한 경쟁의식과 비교의식이 행복을 도둑질하는 것이 아닐까요? 행복 국가들은 대체로 노후 보장 제도가 잘 되어 있고 승자독식 정치가 아니라 타협의 정치, 높은 국민소득, 사회 보장 제도로 약자에 대한 배려가 잘되어 있는 게 특징입니다. 무엇보다도 정치인들의 비생산적인 권력 투쟁이 적고 정치인들은 우리와 같이 특권 의식이 없습니다. 국민들의 의식 수준도 높습니다. 우리나라처럼 거의 모든 국민이 분열되어 자신이 속한 조직의 이념은 절대적으로 옳고, 다른 조직의 이념은 무조건 배척하는 진영논리(陣營論理)에 몰입하는 나라도 드물 것입니다. 우리나라는 지정학상 정직하고 포용하며 통합형인 지도자가 요청됩니다. 정치판이 깨끗해야 국민이 행복합니다. 정치판은 사회의 거울입니다. 학교에서 정직·윤리·공정을 아무리 잘 가르쳐 놓아도 사회에 나와 엉망인 정치판을 보는 순간 학교교육이 원천적으로 무효가 됩니다. 얼마나 국가적·사회적 낭비입니까?

영국의 시장조사기업인 입소스(Ipsos)가 세계 23개 국가의 국민을 대상으로 조사한 결과 가장 신뢰를 받는 직업은 과학자, 의사, 교사 순이며 가장 못 믿을 직업인은 정치인인 것으로 나타났습니다.

너무 부하지도, 너무 가난하지도 않게 하소서

'2019년 유엔 행복 보고서'에서 선진국으로 알려진 영국은 18위, 독일은 15위, 일본은 58위였습니다. 만일 행복이 경제 순이라면 우리나라도 세계 10위권의 무역국가에 걸맞는 성적이 되어야 할 것인데 54위입니다.

유엔의 행복 보고서에 따르면 돈이 중요하지만 그밖에 행복에 영향을 미치는 사회적 요소들을 고려합니다. 돈은 중요한 것이 아니라 필요한 것입니다. 돈은 인간의 품위를 지켜주고 편리하게 살아갈 수 있게 하는 재화입니다. 그러나 인간에게 이것이 많으면 교만하고 방탕하기 쉽고, 이것이 없으면 불평하고 원망하기 쉬우며 괴롭습니다. 돈이 불편하지 않을 만큼 적당하게 있어야 행복합니다.

저를 가난하게도, 부유하게도 하지 마시고 저에게 정해진 양식만 허락해 주십시오.

- 성경 잠언 30장

얼마나 가지고 있어야 자식에게 구차한 소리 하지 않고 노년에 품위를 지켜 가며 살아 갈 수 있는 적정 수준일까요? 매달 적정 생활비가 있다면 최고 행복 수준이 아닐까요?

2018년 12월 25일 자 〈한국경제신문〉 기사에 의하면, 월 적정 생활비 수준은 여자보다 남자가 높고 학력이 높을수록 높다고 합니다. 적정 노후생활비는 60세 이상 부부는 월 245만 원, 개인은 월 154만 원이 필요하다는 연구 결과가 있습니다.

한국과 다른 나라의
워라밸 비교

노동 뒤의 휴식이야말로 가장 편안하고 순수한 기쁨이다.

- 칸트

워라밸

'워라밸'이란 1970년대 후반 영국에서 일과 사생활 간에 균형과 조화가 필요하다는 뜻으로 나온 말인 'Work and Life Balance'의 첫 글자를 딴 것입니다. 프로이트(1856~1939년)는 "사랑과 일은 인생의 초석이다"라고 말했습니다. 인간은 일만 할 수도 없고, 사랑만 할 수도 없습니다. 일과 사랑이 조화되어야 합니다.

이솝의 「개미와 베짱이」 이야기는 워라밸의 극단적인 비유 이야기입니다.

어느 찌는 듯이 무더운 여름날 오후, 베짱이 악사들은 높은 나뭇가지에 걸터앉아 음악회 연주로 땡볕의 여름을 신나게 보내고 있었다. 그때 나무 밑에서 옥수수 알갱이를 나르는 일개미들을 내려다보았다. 바이올린 악사 배짱이가 말했다. "이 더운 날에 왜 그런 것 따위로 고생해? 너희는 일만 알고 놀 줄은 몰라?" 베짱이들은 개미들에게 "얘들아, 좀 쉬고 함께 즐겨보자?" 하고 개미들을 약 올리면서 한낮의 여름 축하 공연 음악회를 가졌다. 개미는 "철없는 것들아, 곧 겨울이 올 거다. 엄동설한에 먹을 식량이나 준비해 둬라" 하고 돌아섰다. 베짱이 악사들은 아랑곳하지 않고 음악 공연을 계속하였다. 드디어 겨울이 찾아왔다. 베짱이들은 강추위로 아사 직전이었다. 하는 수 없이 여름에 만났던 개미들의 집을 찾아가 여러 차례 노크했다. 마침내 문지기 개미가 신경질적으로 문을 박차고 나와 고함쳤다. "음악회 끝났어? 더 계속해 봐. 너희는 놀기만 알고 일할 줄은 몰라?" 라고 말하면서 문을 귀청 떨어지게 꽝 닫았다.

워라밸의 중요성

OECD(경제협력개발기구)의 최근 조사에 따르면, 네덜란드 사람들은 일과 삶의 균형을 가장 잘 누리고 있습니다. 워라밸이 중요한 것은 일하는 시간이 많으면 그만큼 가족과 함께 보낼 수 있는 시간이 줄고, 그렇다고 직장이 없다면 경제적으로 힘들기 때문입니다. 워라밸은 인간의 행복과 직결되는 문제입니다. 장시간 근무로 인하여 스트레스가 쌓이는 등 여러 가지 질병이 발생하기 쉽고 사고의 위험도 있으며 생활 만족도가 떨어질 수 있기 때문에 일과 삶의 균형은 인간이 행복하게 살아가는 데 있어서 중요한 문제입니다. 인간에게 밸런스만큼 중요한 것은 없습니다. 균형이 깨지면 정신도, 육체도 병이 듭니다.

네덜란드에서는 일주일에 50시간 이상 일하는 직원이 전체 근로자의 0.4%에 불과합니다. OECD 평균 11.1%에 비하여 매우 낮은 편입니다. 한국은 가족과 함께 즐기거나 개인적인 시간을 보낼 수 있는 것은 하루에 약 4.1시간이며 네덜란드는 9.5시간, 이태리는 9.4시간입니다.

한국의 워라밸 국제 비교

한국은 다른 삶의 지표에서는 다른 나라보다 더 우수합니다. 한국은 주택, 시민 참여, 교육 및 기술, 직업 및 소득, 개인보안 분야는 OECD 평균보다 높습니다. 반면 소득 및 복지, 환경의 질, 건강 상태, 사회적 관계 및 일과 삶의 균형은 평균 이하입니다.

2019년의 OECD 한국 워라밸 점수는 10점 만점에 4.1(일본 4.6,

이스라엘 4.6, 프랑스 8.7, 스웨덴 8.8, 덴마크 9.0, 이태리 9.4, 네덜란드 9.5)로 일과 삶의 조화 성적이 OECD 40개국 중 37등입니다.

한국은 부존자원(賦存資源)이 없는 나라입니다. 본래 OECD는 개도국을 돕고자 하는 선진국 그룹이었습니다. 이들 부자 나라들은 주 50시간만 근무해도 문제가 없습니다. 그러나 한국은 원자재를 수입하여 시간을 들여 제품을 만들어 수출하지 않으면 안 됩니다. 그러므로 워라밸 수준을 OECD 기준에 맞추는 건 현재로서는 시기상조입니다. 경제대국인 일본도 35위입니다.

노년에도 일이 필요하다

일은 젊은 사람들에게는 가족을 부양해야 하는 생계의 문제이지만 시니어들의 일은 그 성격이 다릅니다. 시니어들은 외로움을 이기기 위하여 체력에 적합하고 심리적 안정을 찾을 수 있는 일이 필요합니다. 가족을 부양하기 위한 워라밸이 아니라 고독을 이기고 자기의 존재를 확인하고 노년을 즐겁게 보내기 위한 인생의 양념과 같은 것입니다. 사실 나이가 들어 노년이 되면 친구도 하나둘 사라지고, 집안의 웃어른들도 세상을 떠나기 때문에 일이 없다면 더욱 우울해지기 쉽습니다. 시니어들에게 일이란 경제 문제라기보다는 인생 관리 차원의 문제입니다. 다행히 정부의 노인 일자리가 부분적으로 이를 해소시켜 주고 있습니다.

이미 초고령 사회로 진입한 일본은 인구 4명 중 1명이 65세 이상의 고령자입니다. 일본에서는 2010년경 '혐로(嫌老) 사회'라는 신조어가 생겨났다고 합니다. 우리나라에서도 시니어를 'No人(노인)', 즉 사람이 아니라고 치부하는 모욕적인 말이 등장한 지 오래입니다. 그 밖에 '꼰대', '노슬아치', '틀딱'이란 말이 젊은이들 간에 시니어들에 대한 조롱거리로 두루 쓰이고 있습니다.

시니어들이 죽을 때까지 일이나 좋은 취미 활동을 하면서 일을 놓지 않는 게 우아하게 늙어 가는 것입니다. 일하는 시니어들은 존경받을 수 있습니다. 시니어들은 혼자이든, 여럿이든 간에 소일(消日)거리가 필요합니다. 탈무드에서는 인간에게 가장 괴로운 것은 할 일이 없는 것이라고 말합니다. 외로움은 노년기에 최대의 적입니다. 이 외로움을 해소시켜 주는 것은 바로 자기 체력에 적합한 일입니다. 노년에도 해야 할 일이 있다면 더 이상 행복을 찾지 않아도 될 만큼 노년의 일은 매우 중요합니다.

소확행(小確幸)을 찾는 사람들

숲속의 두 마리 새보다 손 안의 한 마리 새가 더 낫다.

- 미국 속담

'소확행'은 1986년 일본 소설 작가 무라카미 하루키(1949~) 씨의 에세이 『랑게르한스섬의 오후』에 처음 나온 말입니다. 그가 말한 '소확행(Small but certain happiness)'이란 연못과 수영장이 딸린 호화 저택에 거주하고, 초호화 유람선을 타고 세계일주하거나, 프로 골프대회에서 우승하는 것과 같은 엄청나고 대단한 것이 아니라 장롱에서 새로 꺼낸 속옷을 입는 느낌처럼 아주 개운하고 소박한 감정이라는 것입니다.

샤워를 끝내고 시원한 맥주 한 잔, 비가 갠 후 나뭇잎에 맺힌 영롱한 물방울 바라보고 석양의 화려한 노을을 바라보며 커피를 마시는 기분처럼 아주 소박하고 비용이 들지 않으며 큰 노력이 들지 않는 작은 행복감을 말합니다. 새벽에 깨어나 참새 소리나 뻐꾸기 소리를 들을 수 있다면 더욱 낭만적입니다. 소확행을 위한 삶의 지혜가 필요합니다. 이렇게 매순간 행복이 쌓여 간다면 전체 삶이 행복해지는 것이 아닐까요? 마치 시냇물이 모여 강을 이루고 또 바다를 이루듯이 작은 행복도 많이 모이면 온통 행복한 삶이 되지 않을까요?

어떤 사람들은 자신이 성공한 모습을 정해 놓고 이를 행복이라고 정의합니다. 그리고 자기가 설정한 목표가 달성되었을 때 비로소 행복감을 갖는 경우도 있습니다. 그러나 그 행복은 오래가지 못합니다. 그 목표만 이루면 영원히 행복하고 만족할 줄 알았는데 잠시뿐입니다. 왜냐하면 또 다른 목표가 생겨납니다. 직장인들이 승진만 되면 원이 없겠다고 열심히 노력해서 달성해도 곧 실망합니다. 그래서 참행복은 아직 오지 않았다고 느끼지요. 이처럼 행복을 어떤 목표에 맞춘다면 영원히 행복하지 않을 것입니다. 행복이란 찾아 헤매는 것이 아니라 발견하고 깨닫는 것입니다. 현 상태에서 자족하고 탐욕이라는 엔진을 끄는 것입니다.

행복은 항상 우리 마음속에 있습니다. 다만 우리 마음이 혼탁(混濁)하여 보지 못할 뿐입니다. '지금, 여기서' 느끼지 못하면 행복은 없습니다. 과거란 시효 지난 수표요, 미래란 불확실한 어음과 같습니다. 그러므로 행복은 여기서, 지금(Here and Now) 누려야 한다는 것이 소확행을 예찬하는 사람들의 생각입니다.

행복이 먼 미래에 있고 매우 불확실하다는 생각 때문에 순간순간 때를 놓치지 않고 즐기려는 현실주의자인 소확행족(小確幸族)이 많아졌습니다. 올지 안 올지도 모르는 미래의 행복보다는 차라리 현재의 작은 행복을 붙잡아 놓고 기뻐하는 게 지혜로운 사람이 아닐까요? 행복이란 땡볕에 스르르 금방 녹아 버리는 아이스크림과 같습니다. 우리 모두 녹아 없어지기 전에 '행복의 맛'을 보아야 합니다. 그러나 행복을 세속적 욕구에 기반을 두고 설정해 놓으면 본인의 욕구 변동에 따라 행복도 따라서 변합니다. 소확행이라는 말이 회자(膾炙)되는 것을 보면 사람들이 얼마나 행복에 주려 있는지 알 수 있습니다. 오만하고 불평하는 사람에게는 소확행은 먼 거리에 있습니다. 지혜로운 자는 작은 기회도 놓치지 않고 붙들 줄 압니다.

이솝 우화에는 이런 이야기가 있습니다.

<작은 기회라도 놓치지 않는다>

어느 뜨거운 여름날 아프리카의 열대 초원에서 늙고 지친 사자가 잠을 자고 있었습니다. 사자는 여러 번 사냥에서 실패하고 배고픈 상태였습니다. 그런데 센스 없는 임팔라 새끼 한 마리가 그 앞을 서성거리고 있었습니다. 늙은 사자는 낌새를 알아채고 이내 이 임팔라 새끼를 잽싸게 낚아챘습니다. 이제 임팔라 새끼는 사자의 날카로운 발톱에 짓눌려 꼼짝없이 죽게 되었습니다.

어린 임팔라 새끼는 살려 달라고 애원했습니다. "당신은 이 숲의 왕이요, 가장 힘이 강하고 위력이 있는 자입니다. 그러니 제발 불쌍한 나를 살려 주고 좀 더 크고 맛있는 먹잇감을 찾아보시기 바랍니다. 아무도 당신의 위력을 피하지 못할 것입니다. 위대한 숲속의 왕, 포식자여! 제발, 제발 제게 자비를 베풀어 주세요".

그러자 사자가 여유 있게 대답했습니다. "내가 여러 번 사냥에 나섰지만 실패하였다. 내가 이제 늙고 힘이 약해져서 더 이상 사냥하기 어려워졌다. 그런데 이렇게 제 발로 굴러들어온 먹잇감을 포기한다면 그보다 더 바보스러운 짓이 어디 있느냐. 네가 비록 작기는 하지만 너를 잡아먹고 원기를 보충하여 사냥에 나서야겠다. 나는 내게 스스로 굴러들어온 기회를 놓치고 언제 올지 안 올지 모르는 기회나 기다리는 그런 멍청한 바보가 아니다. 죽을 준비하고 기도나 해라. 이 철없는 것아".

기독교와
불교의 복(福)

철학은 세상의 길잡이요, 종교는 내세의 안내자이다.

천주교와 개신교는 동일한 하느님을 섬기고 있습니다. 구세주이신 예수를 믿고 따른다는 점에서 지향하는 목적은 같으나 하느님을 경배하는 의식(儀式)이 서로 다를 뿐입니다.

가톨릭교회는 천상 교회와 지상 교회, 그리고 단련교회(연옥)로 구분합니다. 가톨릭은 전례와 성전(聖傳)을 중시하는 반면 개신교는 성경을 특별히 강조합니다.

만일 지역의 천주교인들과 개신교인들이 상호 교환하여 예배드리는 기회를 갖는다면 상호 간의 오해와 이질감은 사라지고 적어도 모두가 기독교(基督敎)[4]라는 공통점을 발견할 수 있을 것이라 생각합니다. 행복을 위해서는 아집과 편협함을 버리고 관용하고 이

---

4 기독교라는 말은 그리스도교(基督敎)라는 한자어에서 비롯된 것입니다. 현재 거의 개신교를 지칭하는 말로 사용되고 있으나 정확하게는 가톨릭과 개신교 둘 다 포함하는 용어입니다.

해하는 넓은 마음이 필요합니다. 상대 종교에 대한 보다 정확한 이해와 지식이 필요합니다. 성경이나 불경, 어느 종교의 경전에도 서로 증오하라고 가르치는 곳은 없지만 사람들은 타 종교에 대하여 세뇌된 반감을 표출합니다.

〈기독교의 8복(福)[5]〉

1. 마음이 가난한 사람은 행복 하다

하늘나라가 그들의 것이다.

2. 슬퍼하는 사람은 행복 하다

그들은 위로를 받을 것이다.

3. 온유한 사람은 행복 하다

그들은 땅을 차지할 것이다.

4. 옳은 일에 주리고 목마른 사람은 행복 하다

그들은 만족할 것이다.

---

5 성경 마태오 5장.

5. 자비를 베푸는 사람은 행복하다

그들은 자비를 입을 것이다.

6. 마음이 깨끗한 사람은 행복하다

그들은 하느님을 뵙게 될 것이다.

7. 평화를 위하여 일하는 사람은 행복하다

그들은 하느님의 아들이 될 것이다.

8. 옳은 일을 하다가 박해받는 사람은 행복하다

하늘나라가 그들의 것이다.

〈불교의 복〉

1. 청복

불교에서는 가장 좋은 복 중의 하나로 맑고 깨끗하다는 뜻의 청복(淸福)을 꼽습니다. 청복은 번뇌와 걱정이 없이 평화롭게 살아가는 귀한 복입니다. 이와 반대로 탁복(濁福)이 있습니다. 이는 탐욕으로 세속의 욕정과 욕망을 쫓아갈 때 생겨나는 것입니다. 이런 사람은 정신이 탁류처럼 혼탁합니다. 스님들은 세속을 피하여 매일매일의 수양을 통하여 마음을 씻습니다. 그래서 청복을 누리며 사는 것입니다.

2. 탁복

불교에서는 세상을 좇는 탁복을 하급 가치로 보고, 명상하고 마음을 청결하게 유지하는 것을 상급 가치로 여기고 있습니다.

청복과 열복(熱福)에 대한 말이 있습니다. 열복이란 세상에서 부와 명예를 얻는 세속적인 복입니다. 열복이나 탁복을 구하는 사람은 많아도 청복을 좇는 사람은 찾아보기 힘듭니다. 그만큼 세상이 주는 매력과 유혹은 인간의 마음을 사로잡기에 충분합니다. 십중팔구는 세상이 보여 주는 그럴듯한 환영(幻影)을 좇아갑니다. 청복을 추구하는 것은 좁은 길이요, 탁복이나 열복을 추구하는 것은 넓은 길로 가는 것입니다.

행복은 선택이다

행복하기 위해서는 두 갈래 길 중 하나를 선택해야 합니다. 행복이란 무조건 빌면 된다거나 저절로 굴러온다고 생각해서는 안 됩니다. 불교의 복에서도 우리에게 시사하는 바는 탁복 대신 청복을 구하고 선택하여 힘쓰고 애써야 한다는 것입니다. 기독교의 복도 마찬가지로 스스로 깨끗하고 의롭게 살기 위하여 노력해야 한다는 것입니다. 이와 같이 행복이란 기독교나 불교 모두 인간 스스로의 노력과 선택을 전제로 합니다.

돈으로
살 수 없는 것들

돈으로 시계는 살 수 있어도, 시간은 살 수 없다.

돈으로 쾌락은 살 수 있어도, 기쁨은 살 수 없다.

돈으로 호화로운 집을 살 수 있어도, 행복한 가정은 살 수 없다.

- 피터 리브스(Peter Lives, 신학자·작가)

세상에는 돈으로 살 수 있는 것보다 살 수 없는 것들이 더 많습니다. 그리고 돈으로 사는 것보다 더 귀중한 것들이 많습니다. 사랑, 행복, 평화, 생명, 날씨, 공기, 정의, 우정, 희망, 구원 등은 돈으로 살 수 없지만 이런 것들 없이는 한시도 살 수 없습니다. 돈으로 사는 것은 대체로 유형(有形)의 것들이며, 돈으로 살 수 없는 것은 보이지 않는 무형(無形)의 것들입니다. 대부분 돈이 없으면 불편하지만 사는 데에는 대체로 큰 문제가 없습니다.

세상에서 돈이면 다 살 것 같지만 정작 중요한 것은 살 수 없습니다. 만일 행복을 돈으로 살 수 있다면 가난한 사람들은 행복을 살 수 없어서 늘 불행을 면치 못할 것입니다. 신은 공평합니다. 마침내 행복은 부자들의 독차지가 될 것입니다. 우리나라에서 최고 부자일지라도 행복하지 않습니다. 돈은 최소한의 조건일 뿐입니다.

행복이란 단지 육체적으로 편안하고 근심과 걱정이 없는 상태입니까? 아닙니다. 이것만으로는 불충분합니다. 행복이란 무엇보다 미래에 대한 희망이 있어야 합니다. 영혼을 가진 인간은 내일(사후세계)에 대한 걱정과 불안을 가지고 있습니다. '내일도 오늘처럼 만족이 있을까?' 하는 불안과 걱정입니다.

죽음 후의 내세란 인간이 한 번도 가 보지 않은 길이라서 더욱 궁금하고 불안합니다. 인간은 '사후(死後)'에는 어떻게 될까 하고 속마음으로는 불안해하지만 '저승'이라는 내일에 대해서 감정을 표출하지 않고 불안감을 감추고 삽니다. 인간은 내일, 즉 사후에 대한 걱정과 염려가 해결되어야 흔들리지 않는 진정한 행복을 누릴 수 있습니다. 이것은 결코 돈으로 살 수 없습니다. 오직 믿음으로만 획득할 수 있는 무형의 선물입니다.

우리는 어디서 와서,
어디로 가는가?

우리는 어디서 왔는가?

우리는 누구인가?

우리는 어디로 갈 것인가?

- 폴 고갱의 마지막 미술 작품 제목

너무 버거운 질문인가요? 비록 명쾌한 해답은 없지만 살아가면서 한 번쯤 고민해야 될 명제라고 생각합니다. '우리는 어디서 왔으며, 우리는 누구이며, 도대체 어디로 가는 것일까?'라는 질문은 인문학의 숙제인 동시에, 모든 종교와 학문의 근간입니다.

폴 고갱(1848~1903)은 프랑스 후기 인상파 화가입니다. 그는 문명 세계에 대한 혐오감을 느낀 나머지 가족과 모든 문명의 이기(利器)를 저버리고 프랑스 영(領)인 남태평양 타히티 섬에 안주(安住)했습니다. 이 섬은 지금도 세계 최고의 휴양지로 꼽히고 있습니다. 그러나 그 섬에 머무르는 동안 가장 아끼고 사랑하는 딸이 죽었다는 비보를 받고 심한 우울증에 빠졌습니다. 마음을 추스르고 그는 화가로서 마지막 대작을 그리겠다고 마음먹고 3주 동안 혼심(魂心)을 다하여 그림을 그리게 되는데 그 작품명이 바로 「우리는 어디서 왔는가? 우리는 누구인가? 우리는 어디로 갈 것인가?」입니다. 고갱도 사랑하는 딸의 죽음을 당하여 누구나 한 번쯤 고민하는 이 원초적인 문제에 부딪쳐 절절하게 번민한 흔적이 보입니다. 자신이 어디서 왔고, 어디로 가는지를 안다고 말씀한 분은 이 세상에 예수님 외에는 아무도 없습니다. 예수님은 자신이 어디서 와서 어디로 가는지를 아신다고 확실하게 말씀하였습니다. 이것은 필자가 예수님을 신(神)으로 받드는 많은 이유 중의 하나입니다.

나는 내가 어디서 오며 어디로 가는 것을 알거니와 너희는 내가 어디서 오며 어디로 가는 것을 알지 못하느니라

- 성경 요한복음 8장

행복 추구는 인간 본능

모든 인간들은 정작 자기 자신이 누구이며, 어떻게 이 세상에 오게 되었고, 어디로 가는지에 대한 관심 없이 사는 것 같습니다. 다만 대부분이 주어진 시간 속에서 최선을 다하고 행복하게 살다가 죽는 것이 최상이라는 정도로만 생각하고 있습니다. 아니면 세상 사는 게 너무나 힘들어서 이런 것들을 생각할 만한 여유가 없는

것일까요? 인생은 개인에 따라 길 수도 있고 짧을 수도 있습니다. 어쨌든 이 제한된 시간 내에서 우리는 행복해야 합니다. 인간은 태어날 때부터 행복해야 된다는 생각이 인간의 본성에 뿌리박혀 있습니다. 행복은 인간 생활의 본능적 목표입니다.

행복은 소유인가, 존재인가
(To Have or To Be)

당신은 소유 지향적 사람인가요?

독일 태생의 심리학자 에리히 프롬(1900~1980)은『소유냐 존재냐』에서 인간 삶의 방식을 이기주의, 자기중심주의, 소유욕 등 생물학적 욕망에서 출발한 '소유 지향적 삶'의 방식과 베풀고, 나누어 주고, 희생하는 '존재 지향적 삶'의 방식으로 구분하였습니다. 소유 지향적 삶의 사람에게는 행복이란 평생 동안 누리는 이기적인 육체적 즐거움의 총합일 수도 있습니다. 이들의 인생은 소유와 동일시(同一視)됩니다. 반면 존재 지향적 방식은 나누어 갖고 베풀고 희생하려는 이타적(利他的)인 영적 삶의 방식입니다.

한마디로 인간의 본성대로 소유에 만족하고 여기에 모든 인생을 걸고 사는 것이 소유 지향적 삶이고, 이를 거슬러 자기 존재 가치에 중점을 두고 나누고 베풀며 사랑하는 것을 지향하는 것이 존재 지향적 삶입니다. 가정도, 국가도, 심지어 동물의 번식도 그것의 존재는 사랑이 원천입니다. 사랑은 모든 것의 출발점입니다. 존재 지향적 삶의 방식은 사랑을 가장 소중한 가치로 인정합니다.

소유 지향적 삶은 인간의 소유 욕구를 충족하는 데 초점이 맞추어져 있기 때문에 자연환경과도 필연적으로 적대적 관계를 맺을 수밖에 없습니다. 예를 들면 아름다운 꽃을 발견했을 때 그것을 뿌리째 뽑아 자기 것으로 삼는 것이 소유 지향적 방식이고, 아름다운 꽃을 손상하지 않고 있는 그대로 즐기고 감상하는 자세를 존재 지향적 삶의 방식으로 설명할 수 있습니다. 소유 지향적 삶의 부작용은 경쟁심과 적대감 그리고 조금 더 가지려는 욕구와 탐욕의 연속입니다. 오늘의 망가지는 자연을 보십시오. 이게 다 더 많이 갖고, 더 소비하려는 소유지향적인 삶의 방식 때문에 생긴 일그러진 모습입니다.

소유 지향적 삶의 방식은 자기가 가지고 있는 돈, 권력, 명예, 사회적 지위와 같이 남이 주는 힘에 의존하는 삶의 방식입니다. 그래서 이것을 잃거나 빼앗길까 봐 노심초사하고 조바심하는 마음이 뒤따르게 되어 있습니다. 그리고 끝판에 가서는 죽음의 공격에 의해 모두 잃게 됩니다. 이들은 죽음보다는 오히려 자기가 쌓아 놓은 인맥, 재물 등의 소유물이 상실되는 것을 더 두려워하는지도 모릅니다. 소유 지향적 삶의 방식은 세상이라는 모래 위에 집을 짓는 것과 같습니다.

모래는 홍수가 나고 지진이 나면 힘없이 무너집니다.

당신은 존재 지향적 사람인가요?

 존재 지향적 삶의 방식은 과거와 현재, 미래의 시간 속에서 사는 소유 형태의 사람들과는 달리 "지금, 여기(here and now)"에 초점을 맞추어 삽니다. 무엇보다도 존재 지향적 삶에 주목하기 위해서는 독일의 신학자 마이스터 에크하르트(1260~1327)가 말한 것처럼 소유에 대한 아집과 집착을 버려야 합니다. 아리스토텔레스도 인간의 최고 행복은 진리를 명상하는 것이라고 하였습니다. 변하고 없어질 부질없는 것과 더불어 사느니 확고하고 영원히 불변하는 진리와 함께 사는 것이 최고선이며 행복이라는 것입니다. 존재 지향적 삶의 방식은 자기 존재 가치라는 반석 위에 집을 짓기 때문에 영원히 무너지지 않습니다.

 예수께서 한 부자 청년에게 가진 재산을 다 팔아 가난한 자에게 주라고 하신 명령도 결국 큰 기쁨을 위해서는 세상적인 소유 관념으로부터 벗어나야 한다는 것을 의미하는 게 아닐까요?

> 천국은 마치 밭에 감춰진 보화와 같으니 사람이 이를 발견한 후 숨겨
> 두고 기뻐하며 돌아가서 자기의 소유를 다 팔아 그 밭을 사느니라
>
> - 성경 마태복음 13장

 존재 지향적 삶은 보다 크고 영원한 기쁨을 위하여 세상의 소유에 대한 집착을 버리는 것입니다. 노벨 문학상 수상자이자 미국 소

설가인 존 스타인벡(1902~1968)의 소설 『진주』에서 주인공 키노는 재물의 상징인 '진주'를 바다 속에 던져 버리고서야 행복을 되찾았습니다. 다음은 존 스타인벡의 소설 『진주』의 줄거리입니다.

<진주는 악마다>

키노와 조안나 씨는 바닷가에서 살고 있는 가난하지만 행복한 부부였다. 어업으로 생계를 이어가는 매우 금슬이 좋은 부부였다. 그러던 어느 날 그들의 아기 코요태가 전갈에게 물려 의사를 찾아갔다가 가난하다는 이유로 치료는커녕 매우 모욕적인 대우를 받고 돌아와 가난에 한이 맺혔다. 그런 다음 날 키노가 바다에서 갈매기 알만한 크기의 세상에서 가장 아름다운 진주를 발견하였다. 소문은 삽시간에 어촌 마을을 넘어 시내까지 퍼졌다. 진주를 보겠다고 제일 먼저 달려온 게 그 악질 의사였다. 그날부터 구경꾼들, 폭력배들이 키노의 집 안에 들끓었다.

이때부터 이 부부에게는 이 진주라는 재물을 지키기 위한 피눈물나는 고난의 여정이 시작되었다. 이들 부부는 진주를 빼앗으려는 사람들로부터 도망 다니고 격투와 전투를 치르다가 아들마저 죽었다. 이들은 더 이상 싸울 힘도 없었다. 지친 부인이 남편에게 말했다. "여보, 진주는 악마예요. 진주가 우리를 파괴하기 전에 우리가 먼저 돌로 부숴 버립시다. 아니면 원래 있던 바다로 되돌려 보냅시다. 진주는 악마예요, 악마". 그리고 그 남편, 키노는 진주가 행복하게 해 줄 줄 알았으나 온갖 고통을 주었다고 생각했다. 그래서 아내의 말대로 그 진주를 있는 힘을 다해 바다 속에 던졌다. 그리고 두 사람은 나란히 앉아서 그 진주가 바다 물속에 가라앉는 것을 오랫동안 응시하였다.

재물이 결코 행복을 가져다주지 않는다는 것이 이 소설의 요지(要旨)입니다. 존재 지향적 삶의 핵심은 사랑을 나누는 것입니다. 인생은 소유하고 쌓아 두는 것이 아니라 행동하는 것입니다. 돈을 쌓아 놓고 쓰지 않으면 아무 소용이 없듯 말입니다. 성경에 믿음, 사랑, 소망 중에 사랑이 제일이라 한 것은 우리가 세상을 떠나게 되면 믿음과 소망은 사라지고 현세에서 나눈 사랑이라는 이력만 가지고 영원한 나라에 들어가기 때문입니다.

존재 지향적 방식은 바로 영적인 삶을 말합니다. 육신이 요구하는 탐욕과 시기와 욕정이라는 소유 지향적 집착과 아집을 버리고 사랑과 헌신과 봉사와 희생의 이타적 삶을 살아가는 것입니다. 거기에는 변치 않고 흔들리지 않는 참행복이 있고 무엇인가 잃을세라 걱정할 필요도 없습니다. 결론은 행복은 세속적인 소유에서가 아니라 영적으로 사랑을 실천하며 사는 것에서부터 오는 것입니다.

불교의 설화 한 토막을 소개합니다.

<세상의 꿀물>

한 인간이 무섭게 달려오는 사자를 피하여 달음박질하였습니다. 그러다가 절벽으로 떨어졌습니다. 다행히 칡넝쿨에 걸려 절벽 아래로 떨어지지 않고 매달리게 되었습니다. 이제 다소 안심이 되어 절벽 아래를 내려다보았습니다. 무서운 맹독의 코브라들이 자신이 아래로 떨어지기만을 기다리고 있었습니다. 그런데 이 사람의 머리 위에는 벌꿀집이 있었습니다. 그래서 조금씩 위에서 꿀물이 떨어지는 것을 받아먹었습니다. 불행 중 다행이었습니다. 그 꿀물이 어찌나 달콤한지 자기의 처지를 잊고 달콤한 꿀맛에 세월 가는 줄 몰랐습니다. 그런데 이상한 소리가 나서 둘러보니 밤에는 검은 쥐, 낮에는 하얀 쥐가 자기가 간신이 의지하고 있는 칡넝쿨을 사각사각 갉아먹고 있었습니다. 세월이란 놈이었습니다.

대부분의 인간은 이와 같이 꿀물이라는 현세적 물질, 권력, 명예, 욕정, 탐욕에 취해서 언제 죽을지 모르는 자신을 망각하고 살아가는 존재입니다.

인생의
의미(意味)

사람은 단 한 번 산다. 하지만 제대로 살면 한 번으로 족하다.

- 조 E. 루이스(미국 가수·코미디언)

인생의 '의미'에 관해서는 빅터 프랭클(1905~1997)의 이야기를 빼놓을 수 없습니다. 정신과 의사인 그는 인생의 의미를 행복이나 정신적 안정감, 그리고 마음의 평화보다 상위개념에 두었습니다. 많은 사람들이 살아가는 의미를 잃어버리기 때문에 실존적 공허로 좌절에 빠지기 쉽고 회의적으로 변하며 마침내 삶의 의욕을 상실한다고 말합니다. 인생에 대한 의미를 확실하게 가지고 있다면 안정과 행복, 자기실현, 정신적 만족 등은 부산물로 얻을 수 있다는 것입니다.

의미의 반대는 무의미 또는 공허입니다. 자신의 존재와 자신의 삶에 대하여 의미를 두지 않고 산다면 결국 허무한 인생으로 끝날 것입니다. 자신의 삶에 의미를 찾고 그 의미가 결국 나 외의 다른 사람에게 도움이 된다는 사실을 분명히 인식하고 살 때만이 허무한 인생이 아닌 의미 있는 인생이 될 것입니다. 내 인생의 의미를 발견할 때 내 삶이 가치가 있는 것입니다.

모든 인간은 다 의미 없이 태어나지 않았으며 우연히 생긴 존재가 아닙니다. 존재하는 것은 모두 의미가 있고 하느님의 섭리 아래 존재한다는 사실을 인정하지 않을 수 없습니다. 다만 삶의 의미는 발견하는 것입니다. 의미란 나의 삶이 얼마나 가치가 있고 대단한 일인지를 스스로 깨닫는 것입니다. 하느님은 존재하는 모든 것을 사랑하십니다. 삶의 의미는 우선 모든 사람에게 적용할 수 있는 보편적 의미와 각 사람이 타고난 재능으로 자아를 성취·완성하고자 하는 자아실현의 의미 그리고 희생적 의미로 나누어 생각할 수 있습니다.

보편적 의미

인간의 보편적 의미는 첫째, 자기 자리를 지키는 것입니다. 인간은 누구나 국가의 일원, 사회의 일원, 그리고 가족 구성원의 일원입니다. 이 보편적 의미란 책임과 동일한 말이기도 합니다. 보편적 의미의 예를 들면, 자기가 소속된 곳에서, 일터에서, 그리고 가정에서, 맡은 바 소임(所任)을 다하는 것입니다.

서해 대전에서 자기 위치를 지키며 목숨을 걸고 싸우다가 전사한 해군 장병, 수백 명의 승객이 안전하게 여행하도록 기체를 정비하는 항공 정비사, 전투 장비를 최첨단으로 준비하여 승리를 이끌게 하는 무기 전문가, 또 카센터에서 일하는 정비공들의 성실성은 많은 사람들의 안전과 행복에 기여합니다. 또 훌륭한 자녀를 양육하는 어머니처럼 자기 자리에서 책임을 다하는 것이 보편적 의미라 하겠습니다.

가장 악(惡)한 사람은 자기 자리를 지키지 않고 자기 자리의 책무를 망각한 채 엉뚱한 일을 하고 다니는 사람입니다. 다른 사람이 일할 기회마저 빼앗는 아주 사악한 사람이라고 말할 수 있습니다. 만일 경계를 서는 군인이 자기 위치를 이탈해서 부대가 공격을 당한다면 어떻게 되겠습니까? 가장(家長)의 위치에서, 공직자, 대통령, 국회의원의 위치에서 그리고 각자의 직업에서 성실하고 정직하지 않다면 이는 가장 큰 죄악입니다. 플라톤은 '정의란 구성원 각자가 자기 일을 제대로 하는 것'이라고 말했습니다. 모든 개인이 자기 자리에서 자기 역할을 다할 때 전체 조직은 안전하고 건강합니다.

자아실현의 의미

사람마다 타고난 재능과 끼와 목적이 다릅니다. 그래서 가수, 교사, 정치가 그리고 의사, 경찰, 목사, 연예인 등으로서의 사명이 주어집니다. 누구나 타고난 소질과 재능으로 자아를 실현하고자 하는 욕구가 있으며 이러한 욕구를 실현하기 위하여 전문성을 가지고 끝까지 노력하여 자아를 실현합니다. 매슬로가 말한 인간욕구 5단계의 자아완성(self-esteem)을 성취하는 것입니다.

가난한 자의 병을 극진한 사랑으로 고쳐 주고 우리나라 의료보험제도의 기틀을 놓은 장기려 박사, 적극적이고 긍정적인 사고를 전파하여 많은 사람들에게 희망을 준 노먼 빈센트 필 목사와 로버트 슐러 목사, 죽음 직전까지 드라마에 몰두했던 모 여성 탤런트 등 타고난 재능을 마지막까지 쏟고 떠난 사람들이 있습니다. 이들의 탁월한 재능을 아무도 대신하지 못할 것입니다.

희생적(犧牲的) 의미

마지막으로 희생적 의미가 있습니다. 희생이란 다른 사람이나 어떤 목적을 위하여 자신의 목숨, 재산, 명예, 이익 따위를 바치거나 또는 그것을 빼앗기는 것을 말합니다. 2001년 1월 고(故) 이수현(당시 26세) 씨는 일본에서, 술이 취해서 선로에 떨어진 여대생을 구하고 자신은 죽었습니다. 이를 일본 언론은 '제2의 의인(義人) 탄생'이라며 칭송하였습니다. 순교자 정약용, 순교자 성 김대건 안드레아 신부, 유관순 열사, 이순신 장군, 윤봉길 의사, 안중근 의사, 손양원 목사 등 많은 의인(義人)이 자신의 생명을 바쳐 신앙을 지키고 나라를 구하기 위해 희생하셨습니다. 우리는 이분들께 갚을 수 없는 빚을 졌습니다. 그래서 우리는 때때로 조국순열들께 묵념으로 감사를 표합니다.

<큰 재난을 막은 소년 이야기>

네덜란드의 어느 둑이 많은 마을에 한 소년이 살았습니다. 이 소년이 저녁때쯤 학교에서 귀가하던 중 방파제 어디에선가 물이 새는 소리를 들었습니다.

곧 그곳을 찾아내고 그 구멍이 커지면 문제가 심각해질 것이라는 것을 잘 알고 있던 소년은 책가방을 급히 내던지고 자기 팔뚝으로 새는 곳을 막았습니다. 아무리 도와달라고 소리쳤지만 마을 사람들이 알아들을 리 없었습니다. 다음 날 날이 개고 해가 뜨고 나서야 마을 사람들에 의해 발견된 그는 이미 죽어 있었습니다.

네덜란드는 해면보다 낮은 나라입니다. 소년의 희생으로 마을 사람들이 목숨을 구할 수 있었습니다. 네덜란드 정부는 이것을 기념하여 1952년 7월에 방파제를 미니어처(miniature)로 만들어 네덜란드 헤이그에 마두로댐이라는 관광 명소를 만들었습니다. 이 스토리도 희생적 의미의 인생에 관한 한 예입니다.

제2장

행복의 걸림돌

사람에게서 나오는 그것이 사람을 더럽게 하느니라 곧 악한 생각 곧 음란과 도둑질과 살인과 간음과 탐욕과 악독과 속임과 음탕과 질투와 비방과 교만과 우매함이니 이 모든 악한 것이 다 속에서 나와서 사람을 더럽게 하느니라

- 성경 마가복음 7장

행복의
심리적 장애물

질투에는 휴일이 없다.

- 서양 속담

떠도는 말에 의하면 '나이 들면서 남자에게 필요한 것은 첫째 마누라, 둘째 아내, 셋째 애 엄마, 넷째 집사람, 다섯째는 와이프'라고 합니다. 남자는 여자에게 성가신 존재처럼 느껴집니다. 대조적으로 '아내에게 필요한 것은 첫째 딸, 둘째 돈, 셋째 건강, 넷째 친구, 다섯째 찜질방'이라고 합니다. 남편은 여자의 우선순위목록 어디에도 들어 있지 않습니다. 그러나 필요한 것이 다 갖추어졌다고 해서 행복할 수 있을까요? 아닙니다. 우리 행복을 방해하는 것들이 우리 안에 있습니다. 우리는 늘 행복하고 싶고 늘 좋은 일만 있었으면 좋겠는데 인간의 마음속에 행복을 가로막는 선하지 못한 본성이 있습니다.

비교심리와 질투심

대부분의 사람들은 남과 비교하기를 좋아하고 질투심이 강한 편입니다. 이런 것들이 바로 우리의 마음의 정원에 자라는 영적 잡초입니다. 예를 들어 자녀가 95점을 맞았다고 하면 기뻐하고 칭찬해 주면 되는데 부모들은 꼭 95점 받은 애들이 반에 몇 명이나 되느냐고 되물어서 아이의 기분을 망칩니다. 우스갯소리로 이런 얘기가 있습니다. 동창회에 다녀온 아내가 자기 남편에게 펑펑 울어 대면서 친구들의 남편은 다 산에서 자는데 당신만 집에서 잔다고 짜증을 내더라고 합니다. 이것도 농담이지만 비교심리가 잠재되어 있습니다. 질투는 자기를 태우고 남도 태우는 무서운 불과 같습니다. 질투는 내가 잘되는 것보다 남이 못되는 것을 더 좋아하는 아주 나쁜 심보입니다. 가인이 아벨을 죽인 인류 최초 살인 사건도 결국 아벨에 대한 가인의 질투심 때문이었습니다. 가인은 아벨이 자기보다 더 하느님의 사랑을 받고 있다고 시기하였습니다. 우리 모두 가인의 후예들이 아닌가요? 사촌이 땅 사면 왜 배가 아픈가요? 왜 배고픈 것은 참아도 배 아픈 것(남이 잘되는 것)은 못 참나요? 이러한 질투심리가 우리의 행복을 갉아먹습니다. 이런 사람은 자기의 삶에 아직 당당함이 부족하기 때문입니다. 사람마다 타고난 게 다릅니다. 비교심리와 질투심을 극복하려면 타인에게 있는 진주보다 타인이 가지지 못한 내 안에 있는 보석을 발견하십시오.

<이브의 질투>[6]

아담이 밖에서 돌아오면 이브가 가장 먼저 하는 일이 무엇일까요? 그것은 아담의 갈비뼈를 세어 보는 일입니다. 왜냐하면 아담의 갈비 뼈로 여자를 만든 적이 있기 때문에 아담이 혹시 또 아담 갈비뼈로 다른 여자를 만들지 않았을까 하는 질투심 때문입니다. 그러나 여 자나 남자 모두가 질투심은 마찬가지입니다. 유대인의 속담에 '질투 는 천 개의 눈을 가지고 있다'고 합니다.

꼴찌가 자살했다는 소리는 아직 들어본 적이 없습니다. 1등하던 아이가 3등으로 떨어져서 자살했다는 소리는 가끔 듣습니다. 친 구는 국장이 되었는데 자신은 아직 과장이라고 불평합니다. 이러 한 것들은 사회적 분위기에도 문제가 있지만 남과 비교하는 습성 때문입니다.

자존심과 자존감

자존심(自尊心)은 남에게 굽히지 아니하고 자신의 품위를 스스로 지키는 마음으로서 상대적 우월감입니다. 그렇기 때문에 자의식(自

---

6 마빈 토케이어 지음, 백우암 옮김, 『몸을 굽히면 진리를 줍는다』, 동천사, 2002. p.61.

意識, self-conscious)이 매우 강하여 항상 남의 칭찬이나 인정에 목말라 합니다.

그러나 자존감(自我尊重感, self-esteem)이란 자신이 사랑받을 만한 가치가 있는 소중하며 능력을 지닌 유능한 존재라고 스스로 확신하기 때문에 타인의 판단이나 시선으로부터 자유스럽습니다. 남이야 나를 어떻게 평가하든 자기 나름대로 자신에 대한 확실한 능력과 가치를 인정하고 살아가기 때문에 다른 사람의 평가나 시비에 대하여 일희일비하지 않으며 남의 칭찬을 고대하지 않습니다. 자존감은 자기 내부의 성숙한 가치관과 사고에 의해 얻어지므로 이는 결국 훌륭한 인격에서 나옵니다.

그리고 감정에 기초한다기보다는 이성(理性)에 바탕을 두기 때문에 쉽게 흔들리지 않습니다. 자존심이 시냇물이라면 자존감은 대양입니다.

자존심이 강한 사람은 다른 사람에게 조금이라도 무시당한다는 생각이 들면 곧바로 감정적 대응을 합니다. 항상 자신이 다른 사람들보다 우월하다고 생각하기 때문에 경쟁심리가 강하고 남에게 지는 것을 못 견딥니다. 자존심은 남에게 굽히지 아니하고 자신의 품위를 스스로 지키기 위해 남의 인정을 받고 싶어 합니다. 그러나 다른 사람들은 내가 나를 아는 것보다 훨씬 더 나를 잘 꿰뚫어 보고 있습니다. 자존심이 강한 사람은 아첨이나 아부에 취약하고 여기에 잘 속아 넘어갑니다. 자존심을 해부해 보면 교만, 허영심, 자만심, 우월감, 열등감, 객기, 고집 같은 선하지 못한 것들이 득실거

립니다.

자만심과 허영심

　인간은 자기분수를 넘어 지나치게 자기를 과신하여 스스로 거꾸러지는 경우가 많이 있습니다. 과도하게 사치하거나 분수 넘게 생활함으로서 스스로 망하는 길로 접어드는 것을 볼 수 있습니다. 수입보다 지출이 많으면 머지않아 파산이 옵니다. 집이 없어도 빚내서 고급 승용차를 사고 초호화 여행을 즐기며 비싼 명품을 걸치고 다니는 사람들을 종종 봅니다. 이들의 장래가 명약관화(明若觀火)합니다. 자기 분수를 넘지 말아야 하는데 어떤 때는 허영심을 못 이겨서 망신을 당하는 경우가 허다합니다. 인간은 결코 허영이라는 강물에 헤엄치는 물고기가 되어서는 안 됩니다. 자신이 최고인 양 자만하지 마십시오. 당신이 없어도 내일의 태양은 여전히 떠오릅니다.
　이솝 우화의 예를 들겠습니다. 어느 날, 개구리 형제들이 연못에 놀러 갔다가 황소를 보았습니다. 개구리 형제는 그렇게 큰 동물은 본 적이 없어서 엄마 개구리에게 본 대로 말해 주었습니다. 그러자 엄마 개구리는 공기를 크게 들이마시고 배를 불려 "이 정도냐?" 하고 물었습니다. 그러기를 여러 번 반복했지만 어림없었습니다. 마침내 엄마 개구리는 배를 크게 불리다가 배가 '빵' 터져서 죽었습니다. 자기 분수를 모르고 자만심을 부리다가 결국 죽고만 것입니다.

명품을 걸쳐야 마음이 든든하고 고급차를 타야 체면이 선다고 믿는 자는 결국 허영심과 자만심으로 망하고 맙니다. 필요 이상의 겉치레와 자만심을 늘 경계해야 합니다. 이런 사람들은 열등감이 강하고 신분 상승에 대해 강한 욕구를 가진 사람들입니다. 타고난 체력대로 활동하고 경제 능력에 맞게 살아야 합니다. 사치로 신분 도약을 노려 봤자 부질없습니다.

나는 내게 주어진 은총으로 말미암아 여러분 각자에게 말합니다. 마땅히 생각해야 할 것을 벗어나 '분수'에 넘치는 생각을 하지 말고, 하느님께서 각자에게 믿음의 몫을 나누어 주신 대로, '분수'에 맞는 생각을 하시오

- 로마인들에게 보낸 편지 12장

\<모파상[7]의 진주목걸이\>

프랑스의 마틸드라는 여성은 탁월한 미목수려함을 타고났지만 지참금도 없고 가난해서 결국 교육부 말단 공무원의 청혼에 응할 수밖에 없었습니다. 결혼 후에도 자신의 출중한 미모를 자랑하고 싶은데 경제가 떠받쳐 주지 않았습니다. 그녀는 늘 요정 같은 신비스러움과 멋진 최고의 무도회를 상상하는 공상가적인 버릇이 있었습니다. 그러나 집안 형편은 항문이 째지게 가난하고 궁색하기 짝이 없었습니다.

---

7 프랑스의 소설가(1850~1893).

어느 날 그녀의 착한 남편은 마침내 늘 우울한 부인을 즐겁게 해 주려고 힘들게 장관의 무도회 초청장을 구해서 아내에게 선물하였습니다. 부인의 기쁨은 잠시였고 옷이며 장신구 때문에 또 불평했습니다. 남편은 친구와 놀러갈 비상금을 털어 부인에게 옷을 사 주고 목걸이는 부인의 부자 친구 '포레스트'로부터 빌렸습니다.

무도회에 참석한 그녀는 너무 섹시하고 매력적이어서 모든 남자들이 파트너가 되고 싶어 했습니다. 그야말로 군계일학(群鷄一鶴)이었습니다. 드디어 평소의 꿈을 성취했습니다. 그녀는 비로소 파티에서 자기 존재감을 확인하였습니다. 그러나 불행히도 파티를 마치고 귀가 중 친구에게서 빌린 목걸이를 마차에서 분실했습니다. 마차의 번호도 기억하지 못했습니다. 친구의 반환 독촉에 빚을 내서 보석상에 가서 4만 프랑을 주고 빌린 것과 유사한 다이아몬드 목걸이를 사서 돌려주었습니다.

그녀는 그 빚을 갚느라 월세를 전전하며 10여 년 동안 가난뱅이로 살았습니다. 어느 날 공원에서 우연히 목걸이를 빌려주었던 부자 친구를 만났습니다. 그 부자 친구는 친구의 초췌하고 파리한 모습을 처음에는 몰라보았습니다. 그러나 친구임을 확인하고 나서 큰 충격을 받았고 이러저러한 이야기 중에 10년 전에 빌려주었던 목걸이는 불과 오백 프랑밖에 안 되는 가짜(모조품)였다고 말해 주었습니다. 가짜를 빌리고 무려 80배나 많은 돈을 들여 진짜를 돌려주었던 것입니다. 인간이 허영심이 가득 차면 이렇게 현실 판단이 어렵습니다. 허영심으로 말미암아 그녀는 10년의 젊음을 날리는 생고생을 하였습니다.

절망은 죽음에
이르는 병입니다

그래서 누구든지 그리스도 안에 있으면 그는 새로운 피조물입니다 옛

것은 지나갔습니다 보십시오 새것이 되었습니다

- 성경 코린토 둘째 서간 5장

지난 과거에 대하여 오점이 없고 후회할 만한 일이 없는 사람은 거의 없을 것입니다. 애걸복걸 도움을 요청하는 사람에게 무정하게 돌아선 일도 있었을 것이고 지혜가 부족한 행위로 인하여 주위 사람들을 실망시킨 일도 한두 번이 아닐 것이며 인격의 미숙함으로 인하여 모르고 지은 죄, 알고 지은 죄로 혼자 고민하고 낯 뜨거워하는 일이 한두 가지가 아닐 것입니다.

부모님의 말씀을 불순종하고 형제들에게 잘못한 행위로 인하여 오랫동안 우울한 세월을 보내는 사람들도 있을 것입니다. 젊었을 때는 죄의식이 없었던 일도 나이가 들어감에 따라 잘못된 과거 일들이 새록새록 떠올라 일상에서 얼마나 괴로움을 주는지 모릅니다.

결코 빠져나올 수 없고 지울 수 없는 과거로 인하여 끊임없이 절망할 수밖에 없습니다. 잘못된 과거를 지우거나 컴퓨터처럼 포맷할 수 있다면 얼마나 좋을까요? 그러나 덴마크의 철학자, 키에르케고르(1813-1855)의 말처럼 절망(絶望)은 신(神)에 대한 반역이며 결국 죽음에 이르는 병입니다. 절망과 포기는 곧 죽음입니다. 어떠한 경우에도 절망하지 않고 하느님께 나아가야 합니다. 그분 안에 피할 길이 있습니다.

<코끼리의 어릴 적 경험>[8]

서커스단의 코끼리는 어릴 때 아주 약하고 가느다란 새끼줄로 그 발목을 묶어 통제합니다. 그런데 큰 코끼리가 되어도 이 작은 줄에 묶여도 여전히 도망가려 하지 않습니다. 이는 어렸을 적에 묶였던 불가능한 경험 때문에 지금은 충분히 벗어날 수 있는 힘이 있는데도 아예 벗어나려는 생각도 안 합니다. 어렸을 적에 불가능했던 경험이 큰 코끼리가 된 후에도 여전히 지배하고 있는 것입니다.

과거의 불쾌감을 설명하는 우리 속담에 '자라 보고 놀란 가슴 솥뚜껑 보고 놀란다'고 합니다. '자라'는 한 뼘 정도 크기의 육식동물입니다. 강한 이빨로 한 번 문 것은 좀처럼 놓지 않는 게 특성입니다. 그래서 이것에 놀란 사람은 이와 비슷하게 생긴 솥뚜껑만 보

---

8 Josh Mcdowell, 『See Yourself as God sees You』. TyndaleHousePublishers. p.15.

아도 깜짝 놀라게 된다는 것인데, 이것도 모두 과거의 불쾌한 경험 때문에 생긴 두려움입니다. 또 뱀에게 놀란 사람은 길가에 놓인 새 끼줄만 보아도 화들짝 놀랍니다.

우리는 알게 모르게 과거의 불쾌한 추억에 압도당하면서 살아가고 있습니다. 그러나 어제 일을 후회하고 내일 일을 걱정하며 현재를 산다면 무엇이 유익하겠습니까? 그러므로 현재의 가치를 재발견하고 날마다 새사람으로 사는 것이 중요합니다. 현재를 과거 때문에 낭비한다면 너무 억울하지 않을까요? 우리는 과거라는 괴물에 넘어졌더라도 신속하게 털고 일어나야 합니다. 과거를 지우려 하지 말고 하나의 성장 과정으로 받아들이십시오. 과거는 시멘트에 남겨진 발자국처럼 지워지지 않습니다.

편협함을 버려야
행복합니다

즐거워하는 자들과 함께 즐거워하고 우는 자들과 함께 울라 (중략) 할

수 있거든 너희로서는 모든 사람과 더불어 화목하라

- 성경 로마서 12장

　이 세상 사람들은 누구나 호불호(好不好) 개념의 감정을 가지고
삽니다. 가장 두드러진 게 남아선호사상인데 이는 주로 농경 사회
에서 육체적으로 힘쓰는 일에 남자가 필요했고 유교 문화에서 조
상제사를 이을 아들이 필요함에 따라 생긴 것입니다. 그러나 요즈
음은 아들보다 감성지수(EQ)가 높은 살가운 딸이 인기입니다. 또
음식도 마찬가지로 호불호가 강합니다. 이를테면 무슬림 신자는
돼지고기를 먹지 않고 힌두교 신자는 결코 쇠고기를 입에 대지 않
습니다. 프랑스 사람들은 말고기 요리, 달팽이 요리, 그리고 새끼비
둘기를 돼지 오줌보로 싸서 요리해 먹습니다. 고래 고기는 먹지 않
습니다. 프랑스인은 말고기를 먹지만 영국인은 말고기를 먹지 않
습니다. 중국인들은 날아다니는 것 중에는 비행기만 빼고 다 먹

고, 네발 달린 것 중에는 책상만 빼놓고 다 먹는다는 우스갯말이 있습니다. 일본인들은 식도락가를 위하여 국제적 논란을 무릅쓰고 밍크고래 사냥을 계속하고 있습니다. 2014년부터 2018년까지 포획한 333마리 밍크고래 가운데 230마리 이상이 암컷이었으며 이 가운데 95%가 새끼를 밴 것들이었습니다.

개인적으로도 상대의 성격에 따라 호불호가 분명한 사람들이 있습니다. 말이 많은 사람을 싫어한다든지 술을 좋아하는 사람을 싫어한다든지 약속을 지키지 않는 사람이나 외모가 지저분한 사람, 입 냄새가 독한 사람, 거짓말하는 사람을 싫어하는 등 개인주의가 강해짐에 따라 이러한 호불호가 다양해졌습니다. 어쩌면 남과 차별화하려는 개인의 자존심인지도 모르지요. 아무튼 이것이 사회 생활에서 발생하는 현상입니다. 같은 날개의 새는 함께 모인다는 속담처럼 서로 편하기 때문에 이러한 호불호가 지켜지고 있습니다. 누구나 마음에 맞는 사람끼리 놀러 가고 식사도 하고 대화도 나누는 게 편합니다. 공통적인 화제가 많기 때문입니다.

그런데 사회생활을 하다 보면 불가피하게 내가 싫어하는 유형의 사람과 사귀고 협력해야 할 경우가 생깁니다. 이때 물론 스트레스를 받을 수 있습니다. 따라서 뒤에서 험담하고 불평하게 되는 게 일반적입니다. 그리고 이러한 것이 개인의 행복에 영향을 미친다는 것입니다. 일이야 밤을 새서라도 하면 되지만 사람 관계는 만만치 않습니다. 그래서 일보다는 사람 때문에 결국 단체를 떠나거나 직장을 그만두는 경우가 생깁니다. 서로간의 갈등을 피하기 위해서는 역지사지(易地思之)라는 말처럼 상대의 입장을 생각하는 너그러움이 필요합니다.

성경 말씀은 할 수 있거든 모든 사람과 더불어 화목하게 지내라는 것입니다. 스스로 잘난 체하지 말고 마음을 낮게 갖고 겸손하라고 말씀하십니다. 다른 사람의 부족한 점을 그 사람의 전체로 보지 말아야 합니다. 무엇보다 모든 이와 화목하게 지내기 위해서는 상대에 대한 이해와 함께 역지사지의 마음이 되어야 합니다. 인간은 모두가 하나님의 작품입니다. 똑같은 작품 주제에 다른 인간을 무시할 아무 자격도, 권리도 없습니다. 하느님은 한 번밖에 심판하지 않는데 인간들은 수시로 남을 심판합니다.

가난한 사람을 조롱함은 그를 지으신 이를 모욕함이다 남이 망하는 것을 좋아하면 벌을 받고야 만다

- 성경 잠언 17장

선입감보다는 측은지심

좁은 마음은 바늘 끝도 들어가기 어려운 철옹성처럼 단단한 쇠그릇과 같습니다. 반면 넓은 마음은 온 우주를 포용하고도 남을 만큼 무한 탄력적입니다. 좁은 마음과 편견으로는 결코 타인과 행복하게 지낼 수 없습니다. 마음을 넓히는 게 행복의 지름길입니다.

상대에 대하여 항상 긍휼히 여기는 마음과 측은한 마음으로 바라보는 마음씨가 요구됩니다. 측은지심(惻隱之心)은 공자도, 부처님도 그리고 예수님도 강조하셨습니다. 결국 인간의 행로가 육신적으로 힘없고 바람 빠진 풍선으로 변해가는 연약한 존재라는 사실을 절실히 느껴야 합니다. 인간은 화려하게 피는 꽃의 일생처럼 피었다가 시들고 말라 비틀어져 떨어지는 연약한 존재입니다. 또 인간은 아침이슬, 아침 안개나 들꽃과 같습니다. 지금 잘나가는 아이돌 스타도, 유명인들도 예외는 아닙니다.

술과 섹스에 관한 편견

> 유대인의 탈무드에는 아침술은 돌, 낮술은 구리, 저녁에 마시는 술은 은(銀), 사흘에 한 번 마시는 술은 황금(黃金)이라고 기록되어 있습니다.
>
> - 마빈 토케이어, 『몸을 굽히면 진리를 줍는다』 p.34

술에 대한 지나친 편견 때문에 술을 금기시(禁忌視)하는 것도 여러 사람과 하나가 되는 데 문제가 됩니다.

하느님이 주신 것을 죄로 여기지 마십시오. 종교적 이유로 술에 대한 편견을 갖는 것은 상대와 화목하고 행복할 수 있는 기회를 걷어차는 것입니다. 술과 섹스 자체를 죄악시할 필요는 없습니다. 지금은 자동차 금주 문화 때문에 많이 개선되었지만 한국의 술 문화는 억지로 권하는 세련되지 않은 점이 있고 섹스를 추하게 보는 경향이 있는 것 같습니다. 유태인들은 술, 섹스를 죄악시하지 않으며 오히려 하느님이 주신 즐거움을 누리지 않는 것을 죄로 여깁니다. 한편 개신교회 교인들처럼 술과 담배를 원천적으로 차단하여 비신자와 차별화하는 것은 나름 충분한 이유가 있을 것입니다.

<좌우로 치우치지 않음(中庸)이 성숙한 자세다>

어느 날 가톨릭의 신부, 개신교의 목사, 그리고 유대교의 랍비가 저녁식사를 하게 되었습니다. 세 사람 앞에는 한 마리의 먹음직한 생선요리가 놓여 있었습니다. 저마다 감사기도를 올리고 가톨릭 신부가 먼저 말했습니다. "로마 교황은 우두머리이므로 나는 머리 부분을 먹겠습니다". 그러고는 머리가 달린 절반을 잘라 자기 접시에 담았습니다. 개신교 목사는 "우리는 최후의 진리를 파악하고 있습니다. 꼬리 부분을 먹겠습니다"라고 말하면서 꼬리가 달린 나머지 절반을 자기 접시에 담았습니다. 이제 소스와 야채만 조금 남았습니다. 랍비는 신부와 목사를 바라보며 "유대교에서는 양 극단을 싫어합니다"라고 말했습니다.

- 마빈 토케이어, 『몸을 굽히면 진리를 줍는다』, p.35

한날 괴로움은
그날로 족하다

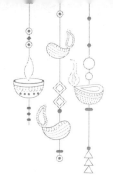

내일 일을 위하여 염려하지 말라 내일 일은 내일이 염려할 것이요 한

날의 괴로움은 그날로 족하다

- 성경 마태복음 6장

마음은 생명의 샘이다

근심과 걱정은 만병의 근원입니다. 그러나 염려의 70%가 실제로 발생하지 않는다고 합니다. 그런데 죽은 자에게도 근심이나 걱정이 있을까요? 말도 안 되는 이야기라고 할 것입니다. 물론 이러한 것들은 산자들이 살아가기 위하여 지불해야 되는 필연적인 대가입니다. 살아 있다면 크고 작은 근심과 걱정은 결코 피할 수 없습니다.

예를 들어 가족 중에 누가 사고를 당한다든지, 중병에 걸린다든지, 또는 배우자가 사망한다든지 하는 문제들은 누구에게나 일어날 수 있는 일입니다. 근심 걱정은 사람에 따라 우울증으로도 이

어질 수 있습니다. 근심은 주로 심리적인 요인에 주목할 필요가 있습니다. 똑같은 일에도 삶에 따라 받는 충격은 각개인의 심리적 태도에 따라 다릅니다. 사람에 따라서는 스트레스로 심장이 멈춰 죽을 수도 있는가 하면 어떤 사람에게는 별로 큰일이 아닐 수 있습니다. 이것은 전적으로 마음먹기에 달려 있다는 것입니다. 일어난 사건을 긍정적으로 해석하면 큰일도 별것 아닐 수 있습니다. 스트레스를 잘 받는 사람은 암(癌)에 걸릴 확률이 높습니다. 어떤 이는 백내장 수술을 받고 눈에 통증이 심하여 수술이 잘못된 줄 알고 대학병원에 가서 확인했는데 백내장 수술은 잘됐지만 생활 스트레스가 안구로 몰려서 그렇다는 해명을 들었습니다. 스트레스로 인하여 자기비하나 실패감, 무력감, 심한 절망감 등은 암을 불러올 수 있는 심리적 요인입니다. 인생의 사건은 긍정적으로 생각해야 한다는 것입니다. 인생은 해석(解析)에 따라 행불행이 갈립니다. 긍정적 해석이 건강과 마음에 양약입니다.

내 힘으로 어쩔 수 없는 불가항력적인 일에 대하여는 곧 이해하고 지나가야 합니다. 예를 들어 부모님과의 사별이나 가족의 사별 등은 하느님의 뜻으로 해석하고 쉽게 잊어야 합니다. 다른 스트레스에 대하여도 내 인생의 한 과정으로 인식하고 곧 잊어야 합니다. 한 날의 괴로움은 그날로 족하다는 예수님의 말씀을 새겨들어야 할 것입니다. 염려와 근심이 없을 수는 없으나 이것을 그날그날 정리하라는 것입니다.

마음의 즐거움은 양약이라도 심령의 근심은 뼈를 마르게 하느니라

- 성경 잠언 17장

염려를 처리하는 방법도 사람마다 여러 가지입니다. 종이에 모든 염려를 적고 태워 버리기, 인형에게 모든 고민을 처리하도록 부탁하기 등 다양합니다. 근심·걱정으로 건강을 잃고 좌절하는 것보다 이것이 내 마음에 뿌리를 내리기 전에 쫓아버리는 전략이 필요합니다. 내 마음에 자리 잡고 일파만파로 가지를 쳐 퍼지기 전에 쫓아버리십시오. 근심이 우리 마음에 자리 잡으면 불안한 마음과 원망이 싹틉니다. 마음의 전염병인 이것이 우리 마음에 안착하여 우리를 파괴하기 전에 이를 제거하십시오. 우리 마음은 마치 철옹성과 같습니다. 출입을 허용하지 않으면 어느 것도 안으로 들어올 수 없습니다. 마음 문을 굳게 닫으면 외부로부터 아무것도 침입할 수 없습니다. 근심을 차단하십시오.

근심과 걱정은 자기 나름대로의 전략을 세워 철저히 관리해야 합니다. 우리의 마음은 아름다운 정원과 같습니다. 근심과 걱정이라는 쓰레기로 당신 마음의 정원을 더럽히겠습니까? 걱정과 근심 대신 믿음과 사랑의 꽃을 피우십시오.

무엇보다도 네 마음을 지켜라 거기에서 생명의 샘이 흘러나온다

- 성경 잠언 4장

인간의 마음은 하느님이 사시는 신성한 곳입니다. 또 내 정신 활동의 원천입니다. 그러므로 마음을 늘 청정하고 아름답게 유지해야 합니다. 깨끗하고 더러운 생각이 모두 이 마음의 호수에서 비롯됩니다. 마음의 호수는 항상 깨끗한 물로 넘쳐나야 합니다. 마음은 우리 영혼의 거처이며 선한 양심의 샘입니다. 그러므로 이 마음이 오염되지 않도록 잘 지켜야 합니다. 이 안에 우리의 생명이 있습니다.

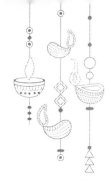

인생은 마음먹은 대로
되지 않아요

세상만사 뜻대로 마음대로 안 될 때는

활짝 핀 꽃처럼 웃어 버리고

세상만사 뜻대로 마음대로 안 될 때는

하늘 높이 내 마음 날려 보내자

- 현미, 「세상만사 뜻대로 안 될 때」

　많은 사람들이 마치 행복은 자기가 결정한 대로 100% 가능한 것처럼 말합니다. 그러나 그렇지 않은 경우가 많습니다. 다음 사례와 같이 행복이 우리의 생각대로 되지 않는 경우도 있습니다. 그러므로 이런 일이 닥치지 않도록 늘 기도하고 짧은 인생에 주어진 시간 동안 행복을 선택해서 즐겁게 살아야 합니다.

칠레 광산 붕괴 사고

2010년 8월 5일에 칠레의 북부 호세 광산의 갑작스러운 붕괴로 구리와 금을 캐던 33명의 광부가 꼼짝없이 지하 700미터 땅속의 작은 작업 공간에 갇히고 말았습니다. 지상에서는 130여 명이 구조 활동에 전념하고 있었습니다. 여러 차례 탐사봉으로 생사 확인을 하는 가운데 8월 22일 지하에 사람들이 생존한 것으로 느껴지는 미세한 소리를 듣고 점점 더 탐사봉의 크기를 확대하여 마치 탯줄로 아이에게 영양을 공급하듯 먹을 것과 라디오 등 필요한 것들을 내려 보냈습니다. 비로소 지하 700미터 아래에 갇혀 있는 광부들과 지상의 가족들과 소통하는 환희의 시간이 주어졌습니다.

당시 지하에 갇혀 있던 광부들로서는 다시 지상으로 나간다고 하는 것은 거의 불가능했습니다. 추가 붕괴의 두려움을 안고 잠을 잤으며 비상식량인 소량의 참치와 우유 한 모금으로 하루하루를 견뎌냈습니다. 또 7시에 일어나 10시에 취침하는 것을 룰로 정했으며 지나온 생애를 회상하면서 극한 상황에서도 감사하고 서로서로 북돋워 주었습니다. 그들은 임박한 죽음 앞에서 매순간 슬픔을 억누르며 씩씩하고 의연하게 지냈습니다. 선배 광부는 신부 역할로 하느님 말씀을 전해 주었고 후배 광부는 매일매일의 심경과 활동을 기록으로 남겼습니다. 후에 이 노트가 경매로 아주 비싼 가격에 팔렸습니다. 사실 광부들은 하루하루 죽음을 준비하고 있었습니다. 그러다가 국제적인 공조로 매몰 69일째인 10월 13일에 소위

피닉스(不死鳥)라는 캡슐로 전원 구조되었습니다.

이들이 지하 생활은 과연 행복했을까요, 아니면 불행했을까요? 육신적인 행복과 영적인 행복이 극명하게 나뉘는 사건이었습니다. 이들은 언제 죽을지 모르는 상황 속에서도 희망의 두 끈을 놓지 않았습니다. 한편으로는 지상에 다시 나갈 수 있다는 희망을 갖고, 다른 한편으로는 하느님 나라에 들어가리라는 영적 희망을 품었을 것입니다.

행복 전도사 이야기

우리가 말하는 '행복'이란 유리그릇과 같아서 잘 깨집니다. 한때 〈아침마당〉에 패널로 나와서 사람들에게 꿈과 희망을 주었던 최 모 씨도 결국 신체의 통증을 이기지 못하여 남편과 함께 스스로 목숨을 끊었습니다. 그녀는 행복하게 살았지만 갑자기 건강에 큰 이상이 생겨 폐에 물이 차는 등 수백 가지 통증이 그녀를 엄습했다고 합니다. 이것을 극복하려고 최대한 노력했지만 이내 숨 쉬는 것마저 힘들어졌고 극한 고통으로 인하여 자주 응급실로 실려 갔습니다. 주체하기 불가능한 고통이었습니다. 급기야는 심장에까지 이상이 생기고 통증이 심해졌기에 더는 견딜 수가 없어 죽음을 선택했습니다. 그리고는 많은 사람들에게 자신의 미안함을 전하고 인내의 한계 상황을 호소하면서 애석하게 생을 마감했습니다.

이처럼 행복이란 여반장(如反掌)처럼 쉽지 않습니다. 다만 주어진 여건 중에서 최상의 것을 선택하는 것입니다. 또 행복은 지금 '내가 행복하다'고 생각하고 느끼는 것입니다. 육신적 행복은 불완전한 행복입니다. 인간은 영혼과 육신의 종합체입니다. 그러므로 육신만의 행복을 말하고 영혼의 행복을 말하지 않는다면 불완전한 행복입니다. 육신의 행복한 삶의 방식에 영적인 행복이 더해져야 합니다. 영적 행복은 세속적 행복에 시멘트를 부어 견고하게 해 줍니다.

미국의 필 주커먼(1968~) 교수는 종교 없이도 얼마든지 도덕적인 삶으로 인간은 행복하게 살 수 있다고 말했습니다. 하지만 인간의 도덕심과 윤리의식 기준은 어디로부터 온 것일까요? 이렇게 말하는 사람은 신앙을 한 번도 가져 보지 않은 사람입니다. 신앙의 맛도 모르고 신앙의 능력도 모르는 철부지나 같습니다.

반면 아브라함은 자신을 티끌이나 재와 같이 하찮은 존재라고 고백하였습니다. 그렇습니다. 만일 인간에게 무슨 가치가 있다고 하면 그가 신의 형상(image)을 몸에 지니고 있다는 사실입니다. 그래서 이 드러나지 않은 신의 형상을 내 인격의 전체에 퍼지도록 완성해 가는 것이 중요합니다. 이러한 영적 평화가 육신의 행복과 결합될 때만이 인간으로서 완전한 행복을 느끼게 해 줍니다. 행복은 만족과 기쁨, 그리고 영적 희망입니다. 만일 내세(來世)의 희망이 없다면 불완전한 행복입니다.

안락사를 선택한 구달 박사[9]

구달(David Goodall) 박사는 오스트레일리아의 존경받는 식물학자이자 생태학자였습니다. 영국, 미국 및 오스트레일리아를 비롯하여 전 세계에서 학문적 지위를 얻었습니다. 그는 1979년 은퇴한 후 500명이 넘는 세계 생태계 학자들의 저서를 30권짜리 시리즈로 편집하였고 그 공로를 인정받아 2016년에 오스트레일리아 정부의 훈장까지 수상했습니다. 그러나 그는 104번째 생일에 안락사(安樂死)라는 방법으로 자기 생명을 스스로 끊었습니다.

그는 2018년 5월 초 오스트레일리아 퍼스에서 죽기 위하여 유럽으로 여행을 떠났습니다. 그의 슬하에 12명의 손주가 있고 오랫동안 안락사 그룹의 회원이었습니다. 그가 왜 스스로 자기 생명을 끊었을까요?

그는 자신의 삶은 이미 5~10년 전에 이동 능력과 시력 상실로 인하여 인생의 즐거움을 잃었다고 말했습니다.

그는 식물학자이며 생태학자였기 때문에 젊은 시절에는 주로 야외에서 활동했지만 늙어서는 밖에 나갈 수 없었습니다. 그의 오랜 인생 동안 3명의 아내와 살았었고 슬하에 네 명의 아들을 두었습니다.

그는 "가능하다면 나는 숲속으로 걸어 나가 새소리를 듣고 싶다. 그러나 내 시력이 심각하게 손상되었다"라고 말했습니다. 그는 운

---

9 Sheena McKenzie·Melissa Bell·Saskya Vandoorne·Ben Westcott, 104-year-old scientist David Goodall 'welcomes death' at Swiss clinic, <CNN>, 2018.5.9.

전 면허증이 취소되었을 때 죽었으면 좋겠다고 생각했다면서 94세에 스스로 이동할 수 없게 된 때가 그의 인생에서 가장 큰 절망적 순간이었다고 회고하였습니다. 그는 삶의 질이 극도로 저하된 상태에서 생명을 연장하는 게 지겨웠습니다. 결국 스위스로 떠나 안락사로 자기 생명을 끊었습니다.

그는 연명치료에 대해 "잔인하다, 사람이 살아야 할 아무 이유가 없는데도 살도록 강요받는다"라고 불평하였습니다. 그리고 그는 존엄하게 생을 마치고 싶어 안락사를 결정했습니다. 과연 올바른 결정을 한 것일까요? 자기 생명은 자기 소유이기 때문에 마음대로 끊어도 문제가 없는 것일까요? 기독교의 입장에서는 안락사가 절대로 용납이 안 됩니다. 참으로 고민스럽습니다. 그는 스스로 행복의 수명이 다했다고 생각했습니다. 구달 박사의 사례는 인간의 자기 생명 결정권에 관하여 우리 사회에 핫이슈를 던져 주었습니다. 죽고 싶은데 죽지 않는 고통, 의미 없는 생명이 하루하루 계속되지만 생명줄이 끊어지지 않는 괴로움은 경험하지 않더라도 어느 정도 이해가 갑니다. 그리고 이것이 내 문제도 될 수 있다는 생각에 덜컥 겁이 납니다. 어떤 신앙인은 스스로 곡기를 끊고 기도하다가 세상을 떠나기도 했습니다.

> 사람이 마음으로 자기의 길을 계획할지라도 그의 걸음을 인도하시는 이는 여호와이시다
>
> **- 성경 잠언 16장**

안락사 문제는 우리 모두의 핫이슈다

　2019년 7월 현재, 안락사가 허용된 국가로는 벨기에, 네덜란드, 캐나다, 스위스, 룩셈부르크, 콜롬비아의 6개국과 미국의 6개 주(캘리포니아, 콜로라도, 몬태나, 오리건, 워싱턴, 버몬트)에 이르고 있습니다. 안락사에는 의사가 치사량의 약물을 환자에게 직접 주사하여 죽게 하는 적극적 안락사와 환자 스스로 의사가 처방한 약을 먹고 죽도록 유도하는 소극적 안락사가 있습니다.

　첫 번째의 경우 의사가 환자에게 약물 주사로 직접 안락사시키는 경우이고 두 번째는 환자 스스로 의사가 처방해 준 약물을 섭취하여 죽게 하는 의사의 간접적인 조력 살인입니다. 문제는 이것이 환자가 의식이 있을 때에 분명하게 의료적 조치를 표명해야 한다는 것인데 의식이 없는 상태에서는 결정에 상당한 문제가 따릅니다. 이것도 환자의 상태가 악화되기 전에 안락사시켜 달라는 분명한 의사표시가 있어야 합니다. 190여 개국 중 불과 6개국만이 허용할 만큼 매우 복잡한 문제입니다.

　안락사를 합법화할 경우 이의 남용이 우려되고 또 천부적 생명을 인간이 마음대로 끊는 데 대한 부담이 있습니다. 우리나라의 경우 안락사는 안 되지만 인위적 연명치료를 거부하고 존엄사할 수 있도록 리드하고 있습니다. 참살이(well-being)도 중요하지만 잘 죽는 것(well-dying)도 중요합니다.

안락사에 대한 여론 조사 결과[10]

우리나라 사람들은 대부분 안락사에 대하여 어떻게 생각할까요? 남성 88.1%, 여성 73.1%가 찬성하고 있습니다. 50~60대 이상 찬성자가 79.9%이며 종교에선 불교 84.3%, 천주교 75.1%, 개신교 71.6%의 사람들이 찬성했습니다. 대체로 말기 판정(시한부)을 받았을 때 4명 가운데 1명꼴(24.7%)로 '적극적 안락사나 조력 자살을 신청하고 싶다'고 답했습니다. 또 가족이나 가까운 지인이 원할 때에도 4명 중 1명(24.7%)은 소극적 안락사를, 14.6%는 적극적 안락사나 조력사에 동의할 의향이 있다고 했습니다.

안락사에 찬성하는 이유로는 죽음도 인간의 권리이며(52%) ② 고통을 없애고(34.9%). ③ 가족에게 부담을 주지 않기 위해서(6.9%)라고 하였습니다. 그냥 안락사를 하겠다는 이유는 품위 있는 죽음, 그리고 가족 등 주변에 부담 주지 않고(48.4%), 임종 순간을 스스로 결정하며(18.7%), 고통을 느끼지 않기 위하여(18.4%)라고 하였습니다.

안락사를 반대(11.4%)하는 이들은 경제적 이유로 안락사에 내몰리거나 범죄에 악용될 수 있다(41.6%)고 우려했습니다. 생명경시 풍조가 만연(31.1%)해지고, 환자의 회복 가능성을 원천적으로 차단(15.4%)한다는 지적도 있었습니다.

---

10 임주형·이성원·신융아, "자신이나 가족이 불치병이면… 90% '안락사 의향'", 《서울신문》 2019. 3. 8.

건강염려증을 버리십시오

노인들은 스스로 육체적, 정신적 건강을 지켜야 한다. 스스로 싸우고 권리를 지키며 남에게 의지하려 하지 말고 마지막 숨을 거둘 때까지 자기를 통제하려 할 때만 존중받을 것이다.

- 키케로(로마의 정치가·저술가)

건강염려증 환자는 40대에서부터 60대까지 비교적 고르게 분포되어 있지만 2016년 기준 60대가 21%로 가장 많은 편입니다. 건강염려증이란 자신이 심각한 질병에 걸렸거나 걸릴 수 있다는 막연한 불안과 공포 속에 과민하게 반응하고 염려하여 여러 곳의 병원문을 수없이 두드리는 증상입니다. 사실 살다 보면 몸이 약간 이상하고 불편할 수도 있습니다. 그런데 어떤 사람들은 이를 곧바로 몸의 심각한 이상증세로 자가 진단하고 불안과 염려 속에서 생활합니다. 일종의 강박증입니다. 건강보험심사평가원 2016년도 자료에 의하면 연간 약 4천 명이 건강염려증으로 병원을 찾는 것으로 파악되었습니다.

인간은 모두가 불완전하며 완벽하지 않습니다. 염려증 환자들은 100% 완벽을 추구하지만 태양 아래에는 아무것도 완벽한 것이 없다는 것을 인정해야 합니다.

세상에 존재하는 것치고 완전한 게 하나라도 있습니까? 그래서 우리는 다소 결함을 지닌 채 살아가는 방법을 배워야 합니다. 우리가 염려해야 할 것은 염려 그 자체입니다.

제3장

행복은 선택입니다

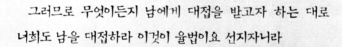

그러므로 무엇이든지 남에게 대접을 받고자 하는 대로
너희도 남을 대접하라 이것이 율법이요 선지자니라

- 성경 마태복음 7장

"나는 행복하다"라고
선언하십시오

꿈꾸는 자기 자아, 꼭 되고 싶은 자기 모습을 구체적으로 종이에 적어 매일 거울 앞에서 외치십시오. 이때 이미 이루어졌다고 믿고 "나는 지금 ~ 이다"라는 완료형으로 표현해야 합니다.

당신이 행복하기를 원한다면, "나는 행복한 사람이다"라는 행복 선언이 필요합니다.

선언은 선언하는 사람의 의견과 주장을 자기와 외부 세계에 확실하게 표현하는 행위입니다. 그러므로 일단 선언하고 나면 선언한 사람은 자기가 표현한 대로 마음이 변하고 행동이 변합니다. 이것은 자기와 외부 세계에 공표된 약속이므로 매우 강력합니다. 말에는 메아리 법칙이 있습니다. 자기에게 한 말은 자기에게 10배로 증폭되어 돌아옵니다.

"나는 행복하다"라고 선언해 보십시오. 그러면 행복이 마음속에 쏙 들어옵니다. 그리고 무엇을 하든지, 어디에 있든지 자신이 행복한 사람이라고 믿게 됩니다. 당신이 행복하다고 외친 '말'은 반드시 당신의 뇌에 프로그램화되고 이미지가 형성되어 생활의 모든 영역에 영향을 미칩니다. 모든 행위는 결과를 낳습니다. 즉, 자신이 행복한 사람이라는 이미지가 뇌 속에 형성되어 자신을 행복한 사람으로 변화시키는 것입니다. 이것은 영국의 NLP 트레이너인 조셉 오코너의 주창입니다.[11] 말은 반드시 그 결실을 맺습니다. 그래서 행복한 사람이 되기 위해서는 먼저 자신에 대한 긍정적인 행복선언이 필요합니다.

선언은 자기 신념을 강화하는 행위입니다. 신념이란 심리적 의미로서 어떤 현상이나 사상, 생각, 언어 등에 대하여 합당하고 진실한 것으로서 인정하고 수용하는 마음의 태도를 말합니다. 행복 선언은 자기가 행복하다는 사실을 합당하게 생각하고 인정하는 신념화 과정입니다. 이 신념이 우리 마음 한가운데 자리 잡으면 콘크리트처럼 단단해집니다. 자신의 행복 이미지가 결코 흔들리지 않습니다.

행복 선언은 마음속에서 잠자는 행복 의식을 깨우는 작업입니다. 이 행복 선언을 매일매일 거울을 바라보며 반복한다면 효과를 볼 것입니다. 행복이 마음에 새겨지고 행복함이 얼굴에 퍼집니다. 자기가 먼저 행복해야 남에게 행복을 줄 수 있습니다. 인간은 자기가 가진 것 이상으로 남에게 줄 수 없습니다. 자신이 매일 우거지 상을 하면서 어떻게 다른 사람에게 행복한 사람이 되라고 말할 수 있겠습니까?

---

11 이안 맥더모트·조셉 오코너 지음, 설기문 옮김, 『NLP와 건강』, 학지사, 2002.

말에 '씨'가 있다는 말을 들어 보셨나요? 우리 속담에도 콩 심은데 콩 나고 팥 심은 데 팥 난다고 하지 않나요? 또 씨도둑은 못한다고도 하지 않나요? 씨는 심는 대로 싹이 트고 자라납니다. 말은 반드시 싹이 나는 씨앗입니다. 행복의 씨앗을 심으면 행복이 자라납니다. 행복의 씨를 심는 행위 중의 하나가 바로 행복 선언입니다.

> 사람이 무엇으로 심든지 그대로 거두리라 자기의 육체를 위하여 심는
> 자는 육체로부터 썩어질 것을 거두고 성령을 위하여 심는 자는 성령으로
> 부터 영생을 거두리라
>
> - 성경 갈라디아서 6장

그러므로 행복해지고 싶은 사람은 행복하다고 선언을 하면 그 행복이 희미한 그림자에서 선명한 실체로 바뀝니다. 거울을 보면서 자신에게 "나는 행복한 사람이다"라고 매일매일 외쳐 보십시오. 자신이 반복한 언어가 뇌에서 프로그램화됩니다. 윤항기 씨의 「나는 행복합니다」를 애창한다면 적어도 노래하는 시간만큼은 확실히 행복할 것입니다.

> 나는 행복합니다 ♬
> 나는 행복합니다 ♬
> 정말 정말 행복합니다 ♬

인생이란
'일 더하기 사랑'입니다

> 태양 아래에서 너의 허무한 모든 날에, 하느님께서 베푸신 네 허무한 인생의 모든 날에 사랑하는 여인과 함께 인생을 즐겨라. 이것이 네 인생과 태양 아래에서 애쓰는 너의 노고에 대한 몫이다.
>
> - 성경 코헬렛 9장

호박 심기와 구덩이 파기

우리는 인생을 살아가면서 행복한 삶을 위해서 의미 있는 삶을 원합니다. 행복은 우리의 삶이 의미로 가득 채워질 때 자연스럽게 찾아옵니다. 행복은 의미의 부산물입니다. 그러나 인생에 있어서 내 삶의 의미를 찾는 게 쉽지 않습니다. 각 개인마다 지향하는 바가 다르고 처한 환경이 다르기 때문에 누구에게나 공통적으로 적용할 수 있는 삶의 의미를 말하기란 그리 쉽지 않습니다. 그러나 광의로는 자기만을 위한 이기적인 삶이 아니라면 모두 의미 있는 것입니다.

제가 군대에서 벌을 받은 적이 있었습니다. 두 사람이 함께 벌을 받는데 저는 1평의 땅을 팠다가 이를 다시 매우고 또다시 파는 일을 반복하는 벌을 받았습니다. 또 다른 동료는 호박구덩이를 파고 호박을 심는 벌을 받았습니다. 그 친구는 전혀 피곤함을 느끼지 않았다고 말했습니다. 그러나 저는 무척 피곤했고 제가 하고 있는 일이 몹시 한심했습니다. 그 친구는 호박을 심으면서 그 호박을 맛있게 먹을 부대원을 생각하며 기뻐했다고 말했습니다. 똑같은 벌을 받는데 저는 정신적·육체적으로 피곤했고 다른 한 사람은 정반대였습니다.

여기서 큰 인생의 의미 한 가지를 발견했습니다. 남을 위하여 생산적이고 의미 있는 일을 할 때 보람을 느낀다는 사실을 깨달았습니다. 그리고 앨버트 아인슈타인의 말이 생각났습니다. "다른 사람을 위해서 사는 생애만이 살 가치가 있다". 봉사하고 사랑하는 것이 최고의 가치이며 유의미한 삶이라는 것입니다.

이 '의미'라는 엄청난 가치의 원천은 무엇입니까? 자기가 의미 있다고 생각하면 그것이 의미 있는 것일까요? 의미의 생활은 개인이 가장 가치가 있다고 생각하는 일에 전념하는 것입니다. 신부님이나 수녀님, 성직자들은 하느님 섬기는 일에 자신의 전 생애를 겁니다. 소방대원은 불구덩이 속에 들어가 사람을 구해 내는 일에 자기 생명을 겁니다. 여러 모양의 사람들이 이타적인 삶으로 삽니다. 일반적으로 남을 위하고 생산적인 일이 의미 있다고 볼 수 있습니다.

사회는 이들을 의인 칭호로 환대합니다.

프로이트, 융과 함께 세계 심리학 3대 거장 중의 하나인 알프레드 아들러는 삶의 의미를 '일'과, '사랑', 그리고 공동체 안에서 맺게 되는 '관계'라고 정의하였습니다. 이러한 내용은 앤 해서웨이와 로버트 드 니로가 주연한 〈인턴〉이라는 영화에 잘 표현되어 있습니다.

인간은 죽을 때까지 의미가 있어야 고독을 이겨낼 수 있으며, 또 의미 있는 일과 활동을 통하여 고독과 외로움을 극복할 수 있습니다. 인간은 죽을 때까지 일할 수 있는 자가 가장 행복합니다. 이 세상에서 가장 힘든 것은 할 일이 없는 것입니다. 할 일이 없으면 우울하고 비관하기 쉽습니다. 일이란 육체적, 정신적 건강에 필수적입니다. 의미 있는 일이 있어야 쉽게 늙지 않습니다. 의미 있는 일이란 내가 아직 살아 있음을 확인시켜 주는 것입니다.

마지막으로 사랑은 인간의 최고 불변의 가치입니다. 사랑보따리만 영원한 나라에 가지고 갈 수 있습니다. 인간은 믿음과 소망은 세상에 사는 동안만 필요하고 영원한 나라를 갈 때는 오직 사랑의 업적만 싸 가지고 갑니다. 인간은 죽을 때 사소한 일까지 적은 평생 생활기록부를 그 누군가에게 건네주는 것입니다. 그러나 인생이란 역시 사랑만 할 수 없고 또 일만 할 수도 없습니다. 사랑과 일을 병행하여야 인생이 지치지 않습니다. 여기에 더하여 생산적이고 이타적인 삶을 산다면 더욱 행복한 사람이 될 것입니다.

버킷리스트는
삶의 마지막 열정입니다

생각 없이 마구 행동하지 말라

그래야 네 행실을 후회하지 않게 되리라

- 성경 집회서 32장

인간이 죽을 때 후회를 최소화할 수 있는 방법 중의 하나가 버킷리스트를 작성하는 것입니다. 한때 버킷리스트 작성과 실행이 유행하였습니다. 매우 의미 있고 노년의 삶을 의욕이 넘치고 풍요롭게 해 주는 주제입니다. 생을 마감하는 순간, 자신의 일생에 대하여 감사하고 원망 없이 맞이하도록 후회를 덜어 주기 때문입니다. 사람은 나이가 들면 그동안 해 보지 못한 것에 대한 한(限)이 생기게 마련입니다. 평생 자기를 드러내지 않고 엄마와 아내로만 사신 분들도 버킷리스트로 진정한 자기 모습을 찾을 수 있습니다.

누구나 실천 가능한 리스트를 만들어 실천하다 보면 하나하나 목록에서 지워 가는 재미도 쏠쏠할 것입니다. 잭 니콜슨과 모건 프리먼이 주연한 〈버킷리스트〉는 암으로 시한부 선고를 받은 두 사람이 신나게 버킷리스트를 실천하며 인생에 대한 많은 교훈과 감동을 선사하는 영화입니다. 이 두 사람의 버킷리스트를 살펴볼까요?

〈버킷리스트〉

모르는 사람 도와주기

눈물이 날 때까지 웃기

정신병자 되지 말기

장엄한 것(에베레스트 산, 피라미드 방문) 체험하기

가장 아름다운 소녀와 키스해 보기

춤 춰 보기

총 쏘기

칼 휘두르기

스카이다이빙해 보기

문신하기

…

이것은 영화에서 한 예로 제시한 것이지만 해 보고 싶은 일은 각인각색일 것입니다. 북극 여행, 전원생활, 크루즈 여행, 최고 비싼 요리 먹어 보기, 연하 남성과 결혼하기 등 무엇이든지 건강하고 기회가 있을 때 이를 만들어 실행해 나간다면 죽을 때 그만큼 후회를 줄일 수 있을 것입니다. 여행은 다리가 후들거릴 때가 아니라

가슴이 떨릴 때 가라고 합니다. 버킷리스트가 주는 좋은 점은 노후 생활에 도전 정신과 활력을 주며 성취했을 때 즐거움과 행복감을 가져다준다는 점입니다. 나아가 평생에 쌓였던 한을 풀고 자기 능력의 한계에 도전하는 좋은 계기가 될 것입니다. 여생을 가장 유용하고 쓸모 있게 사용할 수 있는 좋은 기회입니다.

버킷리스트가 젊은이들에게는 재미와 흥밋거리가 될지도 모르지만 죽음이 임박한 시니어들에게는 아주 절박한 것이기도 합니다. 식도암 판정을 받은 후 다음 사후 세계에 몰입한 실화를 소개합니다. 죽음을 코앞에 둔 그는 버킷리스트를 급하게 만들고 그동안 멀리 있어 소홀히 했던 친척들, 친구들, 교회 신자들, 동창들을 찾아다니며 일일이 작별인사를 나누었습니다. 그들은 전혀 눈치채지 못했습니다.

그리고 부인과 함께 버킷리스트를 실천하였습니다. 연극과 오페라도 관람하며 최고급 호텔에서 가장 비싼 음식도 먹어 보았습니다. 그리고 가지고 있는 현금 재산을 몽땅 털어서 캠핑카를 장만하였습니다. 가족과 함께 캠핑카를 타고 남해안과 전주의 편백나무 숲, 울릉도를 방문하고 자연을 벗 삼아 전국을 실컷 누볐습니다. 그리고 그의 부인은 남편의 죽음이 임박하자 손자들이 정성이 담긴 카드를 읽게 하여 위로해 주었습니다. 남편이 죽자 부인은 남편의 유골(遺骨)을 평소 남편이 가고 싶어 했던 인도의 갠지스 강, 네팔, 캐나다 밴쿠버, 아프리카 케냐 등지를 여행하면서 조금씩 뿌렸습니다.

버킷리스트란 젊은이들에게는 낭만적인 일이지만, 시니어들에게는 지난 인생을 돌아보고 감사하는 기회입니다. 그리고 마지막으로 인생의 뜨거운 열정을 되살릴 수 있는 절호(絶好)의 찬스입니다.

행복은
Here and Now

어째서 옛날이 지금보다 좋았는가 묻지 마라

그런 질문을 하는 것은 지혜롭지 못하다

- 성경 코헬렛 7장

우리는 매일의 일상이 반복적이라서 따분하다고 생각할지 몰라도 사실은 하루하루가 아직 쓰지 않은 일기장처럼 새롭습니다. 우선 해가 뜨고 지는 시간도 날마다 다르고 날씨도 다르며 우리의 신체 조건도 매일매일 변화합니다. 소크라테스의 수제자 플라톤은 인간은 같은 강물에 두 번 들어갈 수 없다고 하였습니다. 물은 계속 흐르기 때문에 오늘 들어가는 물은 어제의 물과 같지 않다는 것입니다. 그러므로 우리의 삶은 어제와는 전혀 다릅니다. 따라서 우리는 매일매일 새로운 삶을 살고 있습니다. 우리가 맞이하는 '오늘 하루'는 그야말로 아직 써 보지 않은 깨끗한 노트나 어느 누구의 손때도 묻지 않은 신상품과 같습니다. 하루를 설레는 마음으로 살아갑시다. 이 '오늘'이라는 새 노트를 멋지게 써 보겠다는 희망으로 스릴 넘치게 새 아침을 맞이합시다. 오늘이라는 선물을 마음껏 즐겨 봅시다.

과거에 사는 사람, 미래에 사는 사람 그리고 현재에 사는 사람이 있습니다. 과거는 이미 흘러간 강물과 같고 미래는 아직 오지 않았으니 내 것이 아닙니다. 과거의 분노와 기억 속에 매일매일을 사는 사람이 있는가 하면 현실을 외면한 채 아직 오지 않은 미래만 생각하며 사는 공상가적인 사람들이 있습니다.

그렇다면 우리에게 무엇이 가장 중요합니까? 톨스토이와 함께 세계적인 러시아의 문호로 불리는 도스토옙스키(1821~1881)는 인간 생애에 있어서 가장 소중(所重)한 것은 'Here and Now, You'라고 말한 바 있습니다. 인생의 진수(眞髓)와 같은 교훈입니다. 과거에 매달리는 사람은 많은 기회와 희망을 잃어버리게 됩니다.

과거의 상처나 한때 유명했던 시절에 묶이면 현재의 감정자원과 시간을 빼앗깁니다. 회고적 성격이 됩니다. 그리고 많은 사람들로부터 소외당하기 쉽습니다. 과거는 이미 확정된 개인의 역사이므로 절대로 더하거나 고칠 수도 없습니다. 과거의 역사를 다시 쓰려는 것은 불가능하며 멍청한 짓입니다. 과거는 이미 단단해진 콘크리트입니다. 하지만 현재는 현금과 같아서 언제라도 자유스럽게 내 의지대로 사용 가능합니다.

우리의 삶은 예술이고 기술입니다. 정말 현재를 제대로 살아야 아름다운 미래가 보장되는 것입니다. 인생은 도화지에 한 번밖에 그릴 수 없는 그림과 같습니다.

웰다잉은 웰빙의 결과라지만, 광의로는 웰다잉도 웰빙 안에 포함되어야 합니다. 미래는 현재라는 튼튼한 계단으로만 올라갈 수 있습니다. 그리고 지금 만나고 있는 '상대'가 중요합니다. 지금 만나고 있는 사람에게 친절하고 진실하게 정성을 다해야 합니다. 만약 당신이 어떤 사고를 당한다 하더라도 현재 지금 당신 앞에 있는 사람만이 도울 수 있습니다. 당신의 하소연이나 기쁜 이야기도 지금 당신 앞에 있는 사람만이 들어줄 수 있습니다.

우리는 세상이라는 타향에서 여행을 하는 나그네입니다. 신앙인들은 순례자의 길을 걷고 있는 것입니다.

그런데 우리의 미래의 목적지만 생각한다든지 아니면 이미 거쳐 온 과거만을 생각한다면 현재 우리가 접하고 있는 여러 가지 유익하고 재미있는 기회를 놓치고 말 것입니다. 운전하면서 이미 지나온 뒤를 보는 사람이나 현실적인 전방을 주시하지 않고 목적지만 생각하고 운전한다면 그의 운명이 어떻게 되겠습니까? 운전자에게는 오직 전방 주시가 가장 중요합니다. 우리가 이득을 얻을 수 있는 건 미래도 아니고 과거도 아닙니다. 오직 '여기, 지금'입니다. 행복도 '여기, 지금'에만 있습니다.

따라서 'Here and Now, You'라는 세 단어는 우리 인생을 행복으로 리드하는 중요한 키워드입니다.

영혼의 쓰레기통을 비우세요

착한 사람의 혀가 순은(純銀)이라면 나쁜 사람의 마음속은 쓰레기통
이다

- 성경 잠언 10장

하루와 사계절은 인생의 축소판입니다. 아침에 해가 뜨고 저녁에
는 해가 지고 밤이 찾아옵니다. 하루란 마치 사람이 태어나고 죽
는 일생의 사이클과 같은 것입니다. 인간은 태어날 때 첫 숨을 쉬
고 죽을 때 마지막 숨을 거두고 죽습니다. 이렇게 첫 숨과 마지막
숨 사이에 놓여 있는 게 인생입니다. 하루가 모여 1년이 되고 1년
이 모여 10년이 되고 그것이 인생이 됩니다. 마치 시냇물이 모여 바
다가 되는 것과 같은 이치입니다. 그러므로 하루하루를 잘 살면
인생을 성공적으로 이끌어 갈 수 있을 것입니다. 오늘 하루를 귀하
게 여기십시오. 두근거리는 마음으로 매일매일을 사십시오.

자연 현상도 인생이 태어나고 활동하다가 죽음을 맞이하는 인생
행로를 깨우쳐 줍니다. 봄, 여름, 가을, 겨울의 사계절도 우리 인생

의 주기와 같습니다. 봄은 생기가 넘치는 청년 시기, 여름은 꿈을 실현하고 활동이 왕성한 장년 시기, 그리고 가을은 감탄이 절로 나오는 단풍 색깔처럼 인생을 화려하게 마무리하는 노년 시기, 끝으로 겨울은 영면하는 사후 세계로 비유할 수 있을 것입니다. 이와 같은 자연 현상은 인생을 깨달으라는 신이 주신 시청각 교재입니다. 이러한 관점에서 볼 때 하루를 잘 살고 매일매일 성실하게 산 하루들이 누적된다면 곧 성공적인 인생이 될 것입니다. 작은 강이 모여 바다가 되고 작은 행복이 모여 큰 행복이 됩니다. 그렇다면 하루를 어떻게 살아야 잘 사는 것일까요? 사람마다 그 고민이 다를 것입니다. 영적 세계 어딘가에 귀하의 행적이 낱낱이 동영상으로 기록되고 있다고 상상해 봅시다. 저 너머의 세계에서 나를 사랑하는 누군가가 간절한 마음으로 내가 잘 살도록 응원을 보내고 있다고 생각해 보십시오.

모든 일이 있기 전에 이를 디자인하고 계획하는 절차가 필요합니다. 하루를 시작하기 전에 먼저 하루라는 선물을 잘 누리도록 그리고 하루가 정말 의미를 가지도록 해야 합니다. 이미 잘 정리된 생활 패턴이 결정된 상태라면 이를 잘 지속하면 될 것입니다. 매일 시간 사용 계획 작성을 생활화한다면 매우 규모 있는 삶이 될 것입니다.

사람을 만나도 처음 만나는 것처럼 반갑게, 일을 대하여도 마지막인 것처럼 최선을 다해야 합니다. 하루를 영원히 살 것처럼, 또 내일 죽을 자인 것처럼 결단해야 지혜로운 자입니다.

당신의 인생을 두 번째로 살고 있는 것처럼 살아라. 당신은 첫 번째 인생을, 형편없이 행동함으로서 망쳐 버렸는데, 이제 두 번째 인생을 살면서 지난번의 과오를 지금 막 다시 되풀이하려 하고 있다는 위기의식을 가지고 행동하라.

- 빅터 프랭클, 『그래도 나는 삶이 의미 있는 것이라고 생각한다』

그리스도인이라면 간단한 기도와 묵상으로 새 하루를 시작할 것입니다. 그리고 신체의 유연함을 위하여 간단한 몸 풀기로 하루를 개시합니다. 오전에 중요한 일을 계획하고 덜 중요한 일은 오후로 미룹니다. 에너지 분배도 중요합니다. 높은 산에 오르는 사람은 내려올 때의 에너지를 남겨 놓아야 합니다. 오전에 몽땅 에너지를 사용하면 오후에는 힘듭니다. 10회전을 싸우는 권투 선수처럼 체력을 잘 분배해야 합니다.

그리고 아주 천천히, 하지만 기분 좋게 감사한 마음으로 하루를 시작합니다. 낮에 활동하다 보면 어느새 저녁을 맞이하게 됩니다. 그리고 하루 동안 있었던 일들을 되돌아봅니다. 이렇게 매일을 다시 만날 수 없는 친구를 대하듯 진중(珍重)하게 살아가야 합니다.

내일 일을 위하여 염려하지 말라

내일 일은 내일이 염려할 것이요 한 날의 괴로움은 그날로 족하니라

- 성경 마태오 6장

하루의 끝에는 성경 말씀처럼 그날의 염려를 소각하고 날려 보내는 영적 청소 시간을 가져야 합니다. 하루 중에 쌓인 마음의 쓰레기통을 비우는 것입니다. 매일매일 세수로 얼굴을 씻듯이 마음도 날마다 영적 세면이 필요합니다. 혹시 시기나 미움, 원망, 불평 등이 있었다면 이들은 나의 인격을 더럽게 하는 악취 나는 영적 쓰레기이므로 마음에 쌓여 부패하기 전에 바로바로 비워야 합니다. 그래서 하루 일과를 마치면 눈도 씻고 귀도 씻으며 입 안도 청결하게 닦아 내서 하루를 사는 동안 묻었던 세속적 때를 바로바로 씻어야 합니다. 나쁜 것이든, 좋은 것이든 우리의 눈과 귀를 통해서 들어옵니다. 이것은 남을 위해서가 아니라 바로 나 자신을 위해서입니다. 세상의 나쁜 것들은 우리의 힘을 빼앗고 하느님과 거리를 멀게 만듭니다. 이러한 쓰레기를 품고 살면 우리 인격과 품격을 망가뜨립니다. 영적 청결은 우리의 의무입니다.

만일 이 쓰레기를 끌어안고 산다면 자신은 인식하지 못할지라도 다른 사람들은 이 영적 악취를 금방 느끼게 되고 항상 좋지 않은 평가를 내립니다. 그러므로 그날그날 마음의 쓰레기통을 비운 다음 새로운 내일의 희망을 상상하며 편안히 잠자리에 드는 것입니다. 매일매일 분리수거하듯이 날마다 영적 쓰레기통을 비웁시다.

말은
'행복의 씨앗'입니다

여러분은 썩어 없어지는 씨앗이 아니라 썩어 없어지지 않는 씨앗 곧 살아

계시며 영원히 머물러 계시는 하느님의 말씀을 통하여 새로 태어났습니다.

- 성경 베드로전서 1장

하느님은 세상을 말씀으로 창조하셨습니다. 대통령도 말로써 통치합니다. 2019년 6월 21일, 트럼프 대통령이 이란 공격 명령을 내렸다가 공격 개시 10분 전에 공격 취소 명령을 내린 바 있습니다. 세계 전쟁도 인간의 말 한마디에 달려 있습니다.

시리아 내전의 발발(勃發)과 결과

시리아 내전의 원인

오늘날 시리아를 둘러싼 러시아와 터키, 미국, 유럽이 얼마나 복잡하게 얽혀 있습니까? 2010년 12월 튀니지에서 발생한 재스민 혁명(아랍의 봄)이 2011년 3월 시리아로 옮겨 붙었습니다. 물론 근본적으로 정부의 부정부패가 문제가 원인이지만 그 시작은 매우 단순한 '말' 때문이었습니다.

무모한 낙서

시리아의 '다리아'라는 시골 무명 마을의 벽에 누군가가 독재자의 아들, 바알 아사드를 암시하면서 '다음은 네 차례다'라고 낙서를 하였고 이를 간과할 수 없었던 시리아 바알 아사드가 군대를 풀어 10대 소년들 15명을 붙잡아서 고문하고 구타하였으며 온갖 학대를 하였습니다. 그러면서 시리아 정부는 그들의 부모들을 향하여 악담을 퍼부었습니다.

> "이제 너희 아이들은 잊어라, 필요하면 애를 더 만들어라.
> 네 여자를 데려와라. 그러면 우리가 애들을 만들어 주마."

시리아의 내전의 결과

시리아 정부의 악담에 부모들이 흥분하였고 이 사실이 외부로 알려지면서 2011년 봄에 사람들이 모여서 반정부 시위를 하게 되었습니다. 이것이 '아랍혁명' 또는 '아랍의 봄'이라는 중동의 혁명입니다. 수십 개의 민병대가 정부군과 조직적으로 맞서 싸우기 시작하였고 미국과 러시아가 개입하였습니다. 미국은 쿠르드족을 이용하여 이슬람 국가(IS)라는 테러단체를 격퇴하였습니다. 시리아 인구는 약

1,700만 명입니다. 1,300만 명이 굶주리고 있으며 6백만 명이 이산가족이 되었고 298만 명이 포로 상태입니다. 또 수백만 명이 유럽과 터키, 요르단 등지에서 난민이 되어 고통 받고 있습니다.

하느님의 말씀이 능력이 있는 것처럼 인간의 말에도 능력이 있습니다. 말로써 인간을 죽이기도 하고 살리기도 합니다. 긍정적이고 적극적인 말은 자신의 인격을 높이고 상대의 마음을 즐겁게 하며 힘과 용기를 주는 말입니다. 선하고 아름다운 말은 사람의 마음을 행복하게 하고, 거칠고 악의적인 말은 악의 열매를 맺습니다.

생각한 다음에 말을 하십시오

말은 적게 하고 듣기는 많이 해야 합니다. 옛날처럼 어른 중심의 일방향 시대는 지나갔습니다. 품위 있고 우아하게 늙어 가려면 먼저 말을 적게 하고 퉁명스러운 말씨를 고치고 부드럽게 말을 해야 합니다. 나아가 상대의 말을 경청하는 습관을 길러야 합니다. 그리고 귀는 둘인데 입은 하나라는 사실을 늘 기억하십시오.

말이란 한 번 입 밖에 나오면 엎질러진 우유처럼 다시 주워 담을 수 없습니다. 말이 입 안에 있을 때 내가 그 말의 주인이지만 일단 뱉고 나면 통제력을 상실합니다. 그러므로 말하기 전에 생각하는 습관을 가져야 합니다. 프랑스 사람들은 뛰고 난 다음에 생각하고 영국인들은 뛰면서 생각하며 독일인들은 생각하고 나서 뛴다고 합니다. 말의 능력은 물리적 거리를 뛰어넘습니다. 예수님의 말씀 한 마디로 원거리에 있는 환자가 치료되는 일이 많았습니다.

> 너희 말을 항상 은혜 가운데서 소금으로 맛을 냄과 같이 하라
>
> **- 성경 골로새서 4장**

말은 듣는 사람 위주로 재미있고 맛있게 하라는 것입니다. 만일 음식이 간이 안 맞으면 아무리 좋은 식재료가 들어갔다고 하더라도 맛이 없듯이 말도 '간(소금기)'이 필요합니다. '언어의 간(소금기)'이란 어른으로서 기품이 있고 우아하게 말하는 것(speak gracefully)입니다. 말의 맛이란 '센스'가 아닐까요?

혀를 길들이십시오!

또 성경은 "누구든지 스스로 경건하다 생각하며 자기 혀를 재갈 물리지 아니하고, 자기 마음을 속이면 이 사람의 경건은 헛것이라" 하였습니다. 맛있게 말을 하려면 무엇보다 뼈 없는 작은 혀를 잘 길들여야 합니다. 엄청나게 큰 배가 뒤에 달린 아주 작은 '키'로써 항해하듯 인간의 혀는 작지만 자기 인생을 좌우하는 능력을 갖고 있습니다. 때로는 혀로 말미암아 자기 몸을 더럽히고 삶을 불사르는 지옥의 불처럼 이용

되기도 합니다. 말 때문에 망신당하는 사람이 얼마나 많습니까?

그러므로 혀는 길들이지 않으면 쉬지 아니하는 악이며 죽이는 독이 가득합니다. 그러니 무엇보다도 자기의 혀를 조심하고 상대에게 칭찬하고 위로와 평화를 비는 말을 하도록 해야 합니다. 한 번 잘못 뱉은 말은 물동이에서 길바닥에 흘린 물처럼 다시 주워 담을 수 없습니다.

혀는 인생을 좌우한다!

생명을 사랑하고 좋은 날을 보려는 이는 악을 저지르지 않도록 혀를
조심하고 거짓을 말하지 않도록 입술을 조심하여라

- 성경 베드로의 첫 번째 서간

"유순한 대답은 분노를 쉬게 하여도 과격한 말은 노(怒)를 격동하느니라."

그렇습니다. 퉁명하고 불쾌한 대답을 좋아하는 사람은 아무도 없습니다. 사람은 입의 열매로 말미암아 살며 그 손이 행하는 대로 받습니다. 사람은 말에 의해 복도 받고, 말 때문에 죽기도 합니다. 성경의 야고보서에는 "듣기는 속히 하고 말하기는 더디 하며 성내기도 더디 하라"고 교훈합니다. 혀는 상대의 뼈까지 부숴 버리는 살인적 힘이 있습니다. 반면에 죽어 가는 사람도 살리는 힘이

있습니다.

말은 치유 능력과 살상 능력이 있습니다!

악의적인 댓글은 익명 뒤에 숨은 살인 행위입니다. '칼에 벤 상처는 쉽게 나을 수 있지만 말로써 받은 상처는 낫기 어렵다'는 스페인 속담이 있습니다.

배우 겸 탤런트인 김 모 씨는 초등학교 크리스마스이브에 연극을 하다가 선생님으로부터 "너는 배우가 되면 좋겠다"라는 격려의 한마디를 듣고 거기에 힘입어 오늘날 대한민국의 훌륭한 엔터테이너로 성장할 수 있었다고 합니다.

유명한 탤런트 최진실 씨와 가수 설리 씨 등 다수의 사람들이 무차별적인 악의적 댓글로 끝내 목숨을 끊었습니다. 무심코 던진 말 한마디가 평생 상처로 남기도 하며 때로는 생명을 위협합니다. 악의적인 댓글은 익명 뒤에 숨은 살인 행위입니다.

여기 남의 뒤에서 험담하고 재미 삼아 악의적인 댓글을 올리는 이들에게 들려줄 만한 이솝의 좋은 교훈이 있습니다.

<너희는 재미있을지 몰라도 우리에게는 죽고 사는 문제다!>

몇몇 소년들이 연못가에서 놀고 있었습니다. 소년들은 연못 안에서 헤엄치는 개구리들을 보았습니다. 아이들은 갑자기 호기심이 생겼습니다. 그래서 개구리들을 명중하려고 돌을 던지기 시작했습니다. 개구리들이 도망가거나 숨는 모습이 재미있었습니다. 소년들은 경쟁적으로 돌을 던졌습니다. 제대로 맞으면 이내 죽어서 물 위에 둥둥 뜨는 것을 보고 한층 더 재미를 느꼈습니다. 참다못한 용감한 개구리 한 마리가 죽을 각오를 하고 물 밖으로 머리를 내밀고 재미있어하는 소년들을 향하여 외쳤습니다. "돌 좀 그만 던져라. 너희들은 재미있을지 몰라도 우리는 죽고 사는 문제야!"

우리가 아무 생각 없이 재미로 던진 한마디가 다른 이에게는 날이 예리한 칼이 될 수 있습니다. 인간은 자기가 내뱉은 말의 열매를 먹고 삽니다. 칭찬과 격려의 말을 하면 자기에게도 칭찬과 격려를 받을 기회가 오며 남을 저주하고 악한 말을 하면 언제인가 자기에게도 그런 악담과 저주로 되돌아옵니다.

칭찬과 격려의 언어를 사용하십시오

인간은 실망시키고 낙담하는 언어보다는 용기를 주고 칭찬을 먹고 자라도록 태어났습니다. 마치 식물이 물을 먹고 자라는 것과 같습니다. 자동차에는 물이 아니라 가솔린을 넣어야 움직이듯 인간의 마음은 칭찬과 격려가 있어야 활력을 얻습니다. 이 세상 어느 누구도 비난하거나 책망을 달가워하지 않습니다. 인간은 칭찬과 격려의 말을 먹고 일어설 수 있도록 창조되었습니다. 쌀자루는 쌀을 넣어야 바로 서는 것과 같은 이치입니다. 인간의 마음도 칭찬과 격려의 말을 먹어야 일어섭니다. 우리는 '젊어 보인다', '건강해 보인다', '멋져 보인다', '매력 있다', '섹시하다', '너는 성공할 것이다'와 같은 격려와 축복의 말을 입에 달고 살아야 합니다. 부부 간에도 "당신이 최고야(You are the best)!"라고 칭찬해 보십시오. 분명히 효과가 있습니다. 칭찬은 마음의 에너지입니다.

하얀 거짓말이 필요해요

어느 모임의 지도자가 모처럼 나온 여성에게 솔직한 표현으로 "당신 폭삭 늙어 보인다"고 말했답니다. 물론 그 여자는 그동안 마음고생으로 얼굴이 말이 아니라는 것은 알고 있었지만 그 솔직한 말에 충격을 받아 그날부로 그 모임에 다시는 참여하지 않았습니다. 사람은 거짓말이거나 과장된 표현인 줄 알지만 "당신은 10년 전이나 지금이나 조금도 변하지 않았다"라는 빤한 거짓말에 더 기뻐합니다. 칭찬하는 데 돈이 드는 것도 아닙니다. 살아 있는 것은 모두 칭찬을 먹고 삽니다. 칭찬은 상대에게 청정에너지를 공급합니다. 때로는 악의 없는 착한 거짓말(white lie)의 센스가 필요합니다.

말이란 아무리 사실이더라도 그 타이밍과 장소를 고려해서 말해야 합니다. 예를 들면 장례식장에서 조문할 경우 침묵하는 것이 좋은 경우가 많습니다. 상주가 동일한 질문에 여러 번 반복해서 답변해야 하는 불편이 있을 수 있기 때문입니다. 그리고 중언부언하지 않고 항상 간결하고 재치 있게 해야 합니다. 어떤 지혜로운 부인이 연설을 해야 하는 남편에게 키스처럼 달콤하고 멋지게 하라고 당부하였습니다. Keep it sweet and smart(KISS)!

인간의 말이란 항상 살아 움직입니다. 혀는 희망과 용기를 주어 사람을 살릴 수도 있고 악하고 저주스러운 말로 상대를 패배자로 거꾸러뜨릴 수도 있습니다.

무엇보다 혀를 길들여라

보라 아주 작은 불이 얼마나 많은 숲속의 나무를 태우는가 혀는 곧 불이요 불의의 세계라 혀는 우리 지체 중에서 온몸을 더럽히고 삶의 수레바퀴를 불사르나니 그 사르는 것이 지옥 불에서 나느니라 여러 종류의 짐승과 새와 벌레와 바다의 생물은 다 사람이 길들일 수 있고 길들여 왔거니와 혀는 능히 길들일 사람이 없나니 쉬지 아니하는 악이요 죽이는 독이 가득한 것이라

- 성경 야고보서 3장

혀에는 비록 뼈가 없지만 상대의 모든 것을 파괴할 수 있는 신체 기관의 하나입니다.

고대 설화 중에 이런 이야기가 있습니다.

<혀는 가장 악하기도 하고 선하기도 하다>

어느 날 임금이 신하에게 세상에서 가장 좋은 것과 나쁜 것을 동시에 찾아오라고 명령했습니다. 명령을 받은 신하는 며칠 후 맨손으로 돌아왔습니다. 왕은 맨손으로 돌아온 신하를 보면서 찾은 것을 빨리 내놓으라고 했습니다. 그러자 신하는 자신의 혀를 날름 내밀었습니다. 그리고 설명하기 시작했습니다. "제 혀는 남을 저주하고 거짓을 말할 수 있으며 원망하고 불평할 수 있어 가장 악하고 한편 남을 위로하고 칭찬하며 기쁨을 줄 수 있어 가장 선합니다. 무엇보다 하느님을 찬양할 수 있어 선합니다". 설명을 듣고 난 임금은 매우 그렇다고 생각하여 고개를 끄덕였습니다.

말과 노랫말은 예언적입니다

「누가 울어」의 가수 배호 씨는 30세의 나이로 작고하였습니다. 그리고 "아무도 날 찾는 이 없는 외로운 이 산장에"라는 가사로 시작하는 노래의 주인공 권혜경 씨는 그녀의 노랫말대로 산장에서 쓸쓸히 암으로 세상을 떠났다고 합니다. 「낙엽 따라 가 버린 사랑」을 노래한 가수 차중락 씨는 28세의 젊은 나이로 세상을 떠났습니다. "돈도, 명예도, 사랑도 다 싫다"는 노래를 부른 윤심덕 씨는 연인 김우진 씨와 함께 30세의 젊은 나이로 1926년 8월 일본에서 부산으로 가는 도중 바다에 빠져 동반 자살한 것으로 전해지고 있습니다.

반면에 「님과 함께」, 「쨍하고 해 뜰 날」을 노래하던 가수들은 인생의 침체기를 이기고 그들의 노랫말대로 지금도 잘나가고 있습니다. 물론 가수 개인의 건강 조건이나 유전인자의 영향도 있겠지만 공교롭게도 그들이 부른 노랫말과 운명이 일치하는 경향이 있어 노랫말과 인생의 상관성이 매우 깊다는 것이 일반적 견해입니다.

우리의 일상적인 말과 노래는 예언적입니다. 항상 긍정적이고 밝고 명랑한 말과 노래를 불러야 인생이 건강합니다. 늘 "죽겠다"고 말하면 스스로가 피곤하고 생활이 고달파집니다. 몸의 건강은 생각과 말에 달려 있습니다. 그러므로 항상 긍정적인 노래로 습관화하는 게 필요합니다. 습관이 인생을 만듭니다. 인생을 망치고 싶고 불행하게 죽고 싶으면 슬프고 절망적인 말과 노래를 습관화하면 됩니다. 우리 몸은 우리가 하는 말을 항상 엿듣고 있습니다.

세상의 유혹에 속지 마십시오

내 아들아 죄인들이 너를 유혹하여도 따라가지 마라

- 성경 잠언 1장

유혹은 사탄의 그림자

스페인 속담에 유혹을 피하는 자는 죄도 피한다고 합니다. 유혹은 결국 죄로 이어집니다. 세상의 유혹은 한 사람의 생애를 완전히 파괴하고 무너뜨리려 사탄이 파놓은 함정입니다. 예수께서도 광야에서 40일간 권세와 물질, 명예와 인기에 대한 유혹을 받으셨습니다. 유혹은 태어나서 죽을 때까지 따라다니는 그림자와 같습니다. 사막에서 예수님을 시험할 때도 **"네가 만일 하느님의 아들이어든"** 이라는 말이 나오고 십자가에 매달린 예수님을 향해서도 **"네가 만일 하느님의 아들이어든"**이라는 말이 나옵니다. 이 동일한 어투를 보면 역시 동일한 사탄의 집요한 유혹일 것이라는 추정이 가능합니다. 이렇게 사단은 출생 시부터 죽음의 순간까지 스토킹(stalk-ing)합니다.

공자가 40세를 불혹(不惑)의 나이라고 했지만 이는 공자의 인격에나 어울리는 말입니다. 40세가 되면 유혹을 이길 정도로 인격이 성숙해야 된다는 뜻으로 이해합니다. 그러나 유혹은 우리를 평생 따라다니는 스토커나 같습니다. 한순간의 유혹이 전 인생을 파멸시킬 수 있습니다. 유혹이 내 안에 들어오지 못하도록 차단해야 합니다. 유혹과 싸우지 말고 피하십시오.

유혹은 우리 인격의 시금석이다

대양에 유유히 떠다니는 크루즈를 바라보십시오. 배들은 이곳저곳 항해하지만 바다에 빠지지 않습니다. 만일 배가 물속에 빠진다면 이것은 파선(破船)입니다. 우리는 배처럼 살아 가야 합니다.

세상이라는 바다에 떠다니되 바다의 흐름을 이용하고 바다 속에 빠지지 말아야 합니다. 때로는 바다에 높은 파도가 일고 강한 바람이 불어 인생이라는 배를 위협한다 할지라도 지혜를 발휘하여 바다를 잘 항해해야 합니다.

우리는 세상에 살되 세상의 유혹에 빠지지 않고 세상 위에 건재해야 합니다. 우리 인생은 세상이라는 바다를 훌륭하고 멋지게 항해하는 것입니다. 두려워하지 않고 걱정근심하지 않으며 운항하는 것입니다. 바다에는 우리 배를 위험하게 하는 많은 암초가 있습니다. 이 암초는 인생의 길목에 사단이 설치해 놓은 어뢰와 같습니다. 하지만 인간은 세상이라는 바다에서 살 수밖에 없는 운명입니다.

즉, 괴로워도 기뻐도 이 세상과 더불어 살아야 합니다. 더불어 사는 것을 피하지 말아야 합니다.

베드로가 바다에 빠져 죽을 뻔한 일이 있었습니다.

베드로가 배에서 내려 물 위로 걸어서 예수께로 가되 바람을 보고 무 서워 빠져 가는지라 소리 질러 이르되 주여 나를 구원해 주십시오

- 성경 마태 14장

베드로는 사나운 바람과 풍랑을 보고 겁을 먹었습니다. 우리도 세상을 보고 겁먹고 무서워하면 오히려 세상에 빠질 수 있습니다. 사도 바울은 이러한 세속적 유혹을 이기라고 하였습니다.

이 세상의 음행하는 자들이나 탐하는 자들이나 속여 빼앗는 자들이 나 우상 숭배하는 자들을 도무지 사귀지 말라 하는 것이 아니니 만일 그 리하려면 너희가 세상 밖으로 나가야 할 것이라

- 성경 고린도전서 5장

세상은 거대한 인생학교

세상은 인간의 무대요, 인생은 연극을 하는 배우로 비유됩니다. 배우는 세상이라는 무대에서 자기의 역할을 잘 수행해야 합니다. 세상은 우리 인생의 개방형 학교입니다. 무대 앞에 몰려든 관중은 자기 마음에 안 든다고 배우에게 야유하고 모욕하며 큰 상처를 주기도 합니다. 그러나 배우는 이들과 담을 쌓고 지낼 수는 없는 것입니다. 때로는 능동적으로 자신의 연기 활동을 돌아보고 잘못된 것은 고치고 올바른 자세로 항상 바로잡아야 할 것입니다. 우리의 삶은 항상 설득하고 타협하면서 꿋꿋하게 주어진 배우 역할을 해야 합니다. 예수님께서는 세상을 어떻게 사셨는지 살펴보겠습니다.

예수께서 세상을 이기셨다

보라 너희가 다 각각 제 곳으로 흩어지고 나를 혼자 둘 때가 오나니 벌써 왔도다 그러나 내가 혼자 있는 것이 아니라 아버지께서 나와 함께 계시느니라 세상에서는 너희가 환난을 당하나 담대해라 내가 세상을 이기었노라

- 요한복음 16장

예수님께서는 세상을 이긴 비결에 대해 "하느님께서 나와 함께

계시느니라"고 말씀했습니다. 당시 예수님이 가시는 곳마다 대제사장들이 보낸 스파이가 항상 따라다녔습니다. 예수님은 이들의 잔꾀에 넘어가지 않았습니다. 예수님도 하느님과 항상 함께 계셨기 때문에 세상을 이길 수 있었습니다.

사실 우리의 힘만으로는 세상의 달콤한 유혹을 뿌리치기 어렵습니다. 세상의 늪에 빠지려 할 때 전적으로 그분의 도움이 필요합니다. 우리의 스토커는 우리 약점을 너무 잘 압니다. 한번 스토커에 걸리면 인생을 완전히 망칠 수도 있습니다.

가장 안타까운 것은 군대의 고급 장교나 사회의 저명한 인사가 순간의 유혹을 이기지 못하여 성추행이나 성폭력 혐의로 그들이 힘들게 쌓아 놓은 업적이 일순간(一瞬間)에 무너지는 것을 볼 때입니다. 한 사람의 유능한 지도자가 세상의 유혹을 이기지 못하여 그의 신분이 순간에 물거품이 되는 것은 그에게 기대를 걸고 많은 투자를 한 국가·사회의 큰 손실이 아닐 수 없습니다.

그러므로 힘들고 지칠 때마다 전능자에게 적극적으로 의지하고 도움을 받을 필요가 있습니다. 그래서 항상 겸손하게 생활하여 유혹이 넘보지 못하게 해야 합니다. 항상 근신하고 경건하게 사는 자에게는 이러한 유혹이 침범할 수 없습니다. 큰 바위에 단단히 박힌 못은 아무리 바람이 불어도 결코 빠지지 않습니다. 진리에 단단히 매여 있으면 결코 흔들리지 않습니다.

자석(磁石)은 철분만을 끌어당깁니다. 내 안에 철분이라는 약점이 있기 때문에 자석에 달라붙습니다. 그러므로 내 안에 이러한 약점이나 나쁜 점을 없애면 더러운 유혹이 따라붙지 않습니다. 파리는 언제나 썩은 것에 달라붙습니다. 그래서 유혹을 당하는 자에게도 책임이 있습니다.

유혹이 세상이 놓은 덫이라면 진리는 인생의 닻과 같습니다. 배가 흔들리고 떠내려가는 것을 방지하기 위하여 닻을 내리는 것처럼 흔들리는 우리에게도 닻이 필요합니다. 세상이 걷잡을 수없이 우리를 유혹으로 몰아붙일 때 우리는 진리로 이기고 침몰하지 않을 수 있습니다. 벌을 따라가면 꽃을 구경하지만 똥파리를 따라가면 더러운 곳으로 가게 됩니다.

진리의 힘을 의지하고 하느님께 도움을 청해야 합니다. 그래야 이 넓은 대양 같은 세상을 무사히 항해할 수 있습니다. 마침내 예수께서 세상을 이기신 것처럼 우리도 세상(=유혹)에 빠지지 않고 세상의 무대를 안전하고 행복하게 누빌 수 있습니다. 성경 말씀은 인생의 내비게이션입니다. 내비게이션이 있어야 험난한 인생길을 안전하게 갈 수 있습니다.

플러스
발상

　장수보다는 건강하게 사는 것이 목표입니다. 일반적로 장수하고 건강한 사람들은 가리지 않고 소식(小食)하며 고단백, 저칼로리 음식을 섭취합니다. 그리고 몸을 자주 움직이는 부지런한 사람들입니다. 그 외에 건강한 사람들은 자기 생각과 몸을 잘 관리하는 사람입니다. 플러스 발상이란 무슨 일이 닥치든지 '그만하길 다행이다', '오늘은 분명 좋은 일이 있을 것이다'라는 등의 희망을 먹고 삽니다. 스트레스를 받더라도 긍정적으로 수용하면, B-엔돌핀을 만들어내고 이것이 스트레스를 완화시켜 줍니다. 부정적으로 생각하면 B-엔돌핀이나 부신피질이 다른 나쁜 물질로 변합니다.[12]

　우리의 몸은 정신의 하인과 같습니다. 몸은 주인인 내가 생각하는 대로 움직입니다. 그러므로 생각이 곧 에너지요, 힘인 것입니다. 이 생각이란 마치 바람과 같아서 어디로부터 흘러들어 오는지 우리는 알 수 없습니다. 이 생각은 가벼운 일상적인 것에서부터 하

---

12 하루야마 시게오 지음, 반광식 옮김, 『뇌내혁명』, 사람과책, 1996.

느님이 주시는 중요한 생각까지 다양합니다. 우리 생각 중에 통제 가능한 것이 있고 그렇지 않은 것이 있습니다. 그래서 하느님께서 인간에게 감정을 분별할 수 있는 이성(理性)을 주셨습니다.

그러므로 우리는 이 생각을 잘 지배하고 통제해야 합니다. 왜냐하면 마음으로 생각하는 것은 뇌에서 추상적 관념으로 끝나지 않고 반드시 호르몬이라는 물질을 만들어 우리 몸에 영향을 주기 때문입니다. 우리의 긍정적 사고, 즉 플러스발상이 매우 중요합니다. 똑같은 상황에도 어떤 사람은 스트레스를 받아 몸이 상하지만 또 다른 사람은 전혀 영향을 받지 않습니다.

노상간(怒傷肝)이라는 말이 있는데 이는 화를 내면 간이 상한다는 뜻입니다. 스트레스를 받아 노르아드레날린이 나오면 혈관이 수축되어 혈류를 막습니다. 스트레스는 활성산소가 대량으로 발생되고 성인병을 일으킵니다. 한편 즐거운 마음과 긍정적 사고는 B-엔돌핀의 분비로 인간의 행복감을 증진시킵니다.[13] 병든 몸은 항상 병든 마음에서 오는 것입니다.

<화병을 이기는 방법>

화병(火病) 전문가인 김종우 강동경희대병원 한방신경정신과 교수는 '3초, 15초, 15분을 기억하라'고 권했습니다. "분노가 일어나고 정

---

13 앞의 책.

점에 도달하는 시간은 불과 15초이고 짜증이 증폭될지, 가라앉을지 결정되는 시간은 불과 3초"라고 설명했습니다. 또 분노가 느껴지는 상황을 잠시 피하거나 머릿속으로 숫자 10까지 세는 '타임아웃'이 아주 좋은 방법"이라고 말했습니다. 결국 3초에 도달하기 전 문제를 깨닫고 다른 곳으로 시선을 돌리거나 회피하면 심각한 상황에 이르는 것을 막을 수 있으며 15분이 지나면 분노호르몬 반응이 사라져 분노로부터 깨끗이 벗어날 수 있습니다.[14]

이근호 목사의 『인간심리와 상한 감정치유』에 따르면 "뉴욕 스토니부룩 주립대학의 심리학자 아더 스톤 박사는 인간의 기쁨과 분노가 인체 내의 면역체계에 주요한 영향을 준다고 했습니다. 한번 즐거운 일이 있어 웃으면 약 2일간 인체 내의 면역체계가 활발하게 움직이는 현상이 나타나고, 반대로 기분 나쁜 일, 스트레스를 받는 일을 당하면 약 1일간 인체 내 면역체계가 취약해져서 질병에 걸릴 확률이 높아질 정도로 면역력이 떨어진다고 했습니다". 그러므로 일소일소, 일노일노(一笑一少, 一怒一老)란 말을 기억하고 삽시다. 웃으면 젊어지고 화내면 늙습니다.

---

14 정현용, '[메디컬 인사이드] 불같이 화날 때… 3초만 멈춰 보세요', 《서울신문》, 2018.6.25.

항상 밝은 면을 보십시오

'흰 종이에 검은 점(Black Dot in a White Paper)'이라는 유명한 실험이 있습니다.

외국의 한 대학교에서 교수가 학생들에게 흰색 종이 중앙에 검은 점을 찍어 나누어 주고 글을 쓰도록 했습니다. 그 결과, 학생 모두 흰색의 넓은 부분보다 검은 점에 대한 의견을 피력했습니다.

여기에서 인간들의 부정적인 습관을 엿볼 수 있습니다. 인간들은 착한 내용보다는 스캔들에 더 관심이 많고 스캔들 소문이 더 빨리 퍼져 나갑니다. 특정인의 선행이나 장점보다는 스캔들에 더 흥미를 갖습니다.

매사에 관찰하고 배울 점이 있지만 인간들은 본성적으로 어두운 부분에 초점을 맞춥니다. 부모님, 동료, 친구, 건강, 아이의 미소 등과 같이 기뻐해야 할 일이 많은데 실망, 좌절, 두려움과 불안, 괴롭히는 사람들, 타인의 약점, 우리를 잘못 생각한 사람들 등 어두운 점에만 초점이 맞추어져 있습니다.

치매로
인생 망치겠어요?

한 명의 아버지는 백 명의 자녀를 돌볼 수 있지만, 백 명의 자녀는 한
명의 아버지도 부양할 줄 모른다.

- 서양 속담

치매는 '뇌 기능의 손상으로 인하여 정신이 망가진 상태'를 말합
니다. 선천적으로 지혜와 지적 능력이 모자라면 '정신지체장애'로
보고, 정상적인 사람이 복합적인 원인에 의해 뇌 기능이 손상되어
기억력, 언어능력 등 판단하고 사고하는 능력이 현저히 부족해지
면 치매로 봅니다.

치매는 개인의 존엄한 인격은 물론 가정을 파괴하고 사회와 국가
에 큰 부담을 줍니다. 가장 흔한 치매가 '알츠하이머병'과 '혈관성 치
매'이지만, 그 밖에도 매우 다양한 원인이 있습니다. 규칙적이고 올바
른 생각을 하는 건강한 생활 습관이 치매 예방에 중요합니다.

건강보험심사평가원이 치매예방 수칙을 다음과 같이 발표하였습니다.

〈치매 예방 수칙〉

1. 세 가지 권장 사항

   - 운동: 일주일에 3번, 30분 이상 걷기

   - 식사: 생선과 채소 골고루 먹기

   - 독서: 부지런히 읽고 쓰기

2. 세 가지 금할 사항

   - 절주: 술은 적게 마시기

   - 금연: 담배는 피지 말기

   - 뇌 손상 예방: 머리 다치지 않도록 조심하기

3. 세 가지 행할 사항

   - 건강검진: 정기 건강검진 받기

   - 소통: 가족, 친구들과 자주 소통하기

   - 치매 조기 발견: 매년 치매 조기 검진

쾌스트레스로
나쁜 스트레스 극복

생각이 너그럽고 두터운 사람은 봄바람이 만물을 따뜻하게 기르는 것
과 같아서, 모든 것이 이를 만나면 살아난다. 생각이 각박하고 냉혹한 사
람은 북풍의 한설이 모든 것을 얼게 함과 같아서, 만물이 이를 만나면 곧
죽게 된다.

- 『채근담』

그런데 아무리 주의하더라도 운명적인 질병을 막기 힘들듯이 치
매 또한 이러한 노력만으로는 막을 수 없습니다. 인간은 적당한 스
트레스와 함께 살아가는 게 중요합니다. 스트레스 제로인 사회 환
경이라면 치매에 걸리지 않을까요? 스트레스 제로 환경 도시인 미
국 애리조나 주의 선 밸리(Sun Valley)에 사는 노인들에게 오히려
치매 발병률이 더 높다는 이야기는 너무나 유명합니다.

논에 미꾸라지를 키울 때 한쪽 연못에는 미꾸라지만 넣고 다른
한쪽엔 미꾸라지와 메기를 넣고 키웠더니 메기를 넣어 키운 연못
의 미꾸라지들이 훨씬 통통하게 살이 쪘다고 합니다. 또 태평양에

서 잡은 청어를 산 채로 육지로 가져오면 값이 두 배인데 운송 중에 늘 죽기 때문에 제값을 못 받았습니다. 그래서 뱀장어를 몇 마리 넣었더니 청어들이 살려고 긴장하여 육지까지 와서도 모두 살아 있더라는 어부들의 증언이 있습니다. 이처럼 스트레스와 싸워서 이기는 노력이 필요합니다. 그밖에 지적인 활동을 계속하고 평생 학습하는 학생으로 사는 길이 최상의 방법 중 하나입니다.

이렇게 좋은 결과를 가져오는 스트레스를 쾌스트레스(Eustress)라고 합니다. 적당한 스트레스도 생활의 양념입니다. 치매 전문의는 치매 예방은 폭넓은 대인관계가 중요하며 지금까지 해 보지 않는 일을 해 보는 것이 치매 예방에 도움이 된다고 권고합니다.

미꾸라지나 청어는 건강한 스트레스 때문에 좋은 결과를 얻었습니다. 인간도 마찬가지라고 생각합니다. 서로 교감하는 사회생활 속에서 적당한 생활스트레스를 견뎌가며 사는 것이 오히려 뇌 건강이나 정신건강에 좋습니다. 사람들 틈 속에서 부대끼면서 사는 것이 스트레스를 극복하는 좋은 방법일 것입니다. 삶의 주체는 바로 자기 자신입니다. 생활과 환경에 지배당하는 것이 아니라 역경에 맞서 자신의 적극적인 의지로 해법을 찾고 버텨나갈 때 비로소 성숙하고 건강한 사람이 됩니다.

오늘이
최고의 날입니다

그날그날이 일생을 통해서 가장 좋은 날이라는 것을 마음속 깊이 새겨 두라.

- 에머슨

노화를 피할 수 없다면 건강하고 우아하게 늙어가는 게 가장 현명한 일일 것입니다. 사실 늙어감에 따라 시니어들의 감정은 복잡해집니다. 신체는 마음대로 움직이지 않고 이에 따라 마음도 날로 약해지기 쉽습니다. 그러나 문제는 몸은 늙어도 마음은 잘 늙지 않는다는 것입니다. 저는 자전거가 너무 타고 싶어서 집 주변에서 가벼운 연습을 마치고 넓은 길로 나갔는데 가로수와 부딪쳐 허리를 다쳐 몇 개월 동안 큰 고생을 했습니다.

생각해 보니 몸은 늙었는데 마음은 젊어서 그런 실수를 했습니다. 몸은 늙어 가지만 마음은 몸과 함께 늙지 않습니다. 예를 들어 식탐이나 장수 욕심은 몸 상태와는 상관없이 늙지 않습니다. 그래서 마음이 신체의 노화를 잘 읽을 필요가 있습니다.

시니어들은 세상과 짝하여 살다가 이제 세상을 놓아야 된다는 압박감이 있고 생애에 대한 미련과 아쉬움이 큽니다. 죽음이라는 끝이 있기 때문에 우리의 현존하는 삶이 중요합니다. 시니어가 더 늦기 전에 우아하게 늙어가는 몇 가지 생활 방식을 꼽아 보겠습니다.

외출할 때 최상의 모습으로 단장하십시오

시니어들은 아끼는 습관이 체질화되어 있습니다. 그동안 애지중지 아꼈던 속옷, 양복이나 넥타이, 넥타이 핀 등, 꽃단장을 하고 현관을 나서십시오. 지금 장롱에 있는 옷들은 앞으로 남은 세월 동안 매일 입어도 닳거나 해지지 않습니다. 먼저 가장 멋있는 모습으로 문밖을 나서면 먼저 자기 자신이 자신만만해지고 기분이 좋아집니다. 언제 입으려고 아끼시나요? 옷이 날개란 말을 기억하십시오.

비싸게 장만한 수의(壽衣)도 없애 버리고 깨끗한 평상복으로 수의를 대신하시는 것은 어떻습니까? 그 뻣뻣하고 누런 색깔이 마음에 드시나요? 관습에 매이지 마십시오. 왜 누런 수의를 입히고 시신을 꽁꽁 동여매야 합니까? 가시는 것도 서러운데 왜 그렇게 모질게 시신을 묶어야 합니까? 왜 영정 사진에 검은 리본을 두르고 팔뚝에 상주 완장을 차야 하나요? 불필요한 악습을 무조건 답습(踏襲)하지 마십시오.

노화 체취(aging picking)에 신경 쓰십시오

40세가 넘으면 우리 몸은 혈액순환이나 신진대사의 문제로 독특하고 불쾌한 체취를 풍깁니다. 이것은 노네랄이라는 물질인데 일본의 히라스카(Hiratsuka) 중앙 연구소 등 관계기관이 인간의 체취 연구 결과를 밝혔습니다.

26세에서 75세 사이의 피험자의 체취를 과학적인 질량 분광법으로 분석한 결과 40세 이상의 연령층에서만 불쾌하고 느끼한 지방성분의 냄새 나는 불포화 알데히드인 노네랄(Nonenal)이라는 물질이 발견되었습니다. 이 냄새 나는 노네랄이라는 악취는 불포화지방산의 산화 분해 과정에서 생산됩니다.[15]

이에 대한 해소 방안은 몸에서 나는 땀을 최소한 억제하고 햇볕을 자주 쪼이고 속옷을 매일 갈아 입는 것입니다. 그리고 땀이 났다 하면 바로바로 씻고 물기를 완전 제거해서 냄새 요인을 없애야 합니다. 그 외에 사람을 많이 접촉하는 경우에는 김치나 냄새가 강한 마늘 등이 나도 모르게 상대에게 불쾌감을 줄 수 있으므로 이에 따른 에티켓도 필요합니다. 마늘 냄새의 경우 입 냄새처럼 자신만 인식하지 못하는 경우가 많습니다. 일본 사람은 마늘 냄새로 한국 사람인 것을 금방 알아챕니다.

---

15 Haze S1·Gozu Y·Nakamura S·Kohno Y·Sawano K·Ohta H·Yamazaki K., 「2-Nonenal Newly Found in Human Body Odor Tends to Increase with Aging」, 《Journal of Investigative Dermatology》 Volume 116 Issue 4, Central Research Laboratory, April 2001.

방 안의 공기를 자주 환기시키고 냄새의 원인이 되는 세탁물도 치우십시오. 할아버지 냄새, 할머니 냄새 등 인체의 노네랄 악취를 제거하는 안티노네랄 제품을 이용하는 것도 지혜로운 방법일 것입니다.

컬러 심리를 이용하십시오

시니어들은 주로 어두운 색상이나 튀지 않는 색을 좋아합니다. 그러나 나이가 들수록 밝고 환한 색상을 선택하십시오. 정신적으로 그리고 심리적으로도 건강해지고 기분도 달라집니다. 시니어들의 밝은 의상은 야간 교통사고 예방에도 도움이 됩니다. 단정하고 밝은 색상은 주변을 환하게 하고 본인의 성격도 밝게 바뀝니다.

넥타이도 언제나 밝은 색이 좋습니다. 트럼프 대통령은 1946년생이지만 언제나 붉은 넥타이를 즐겨 맵니다. 인간은 본능적으로 붉은 색에 대하여 가장 인식이 빠르다고 합니다. 원시인들은 잘 익은 붉은 과일이 필요했고 붉은색의 피를 흘리면 위험하기 때문에 붉은 색깔을 잘 감지하게 되었습니다. 옷이 날개입니다. 나비넥타이나, 포켓 스퀘어도 추천합니다. 색상은 장소와 계절에 따라 달라집니다. 따라서 센스 있는 복장을 통해 컬러에 대한 인간의 심리를 이용하는 게 좋습니다.

〈컬러별 심리〉

1. 검정

검정은 권위와 힘, 안정성을 나타냅니다. 또한 지능과 관련된 색상이기도합니다 (검은 가운, 검은 뿔테 안경 등). 검은 옷은 사람들을 더 날씬하게 보이게 합니다. 반면 때때로 악(惡)이나 슬픔과 관련이 있습니다.

2. 흰색

이것은 순결과 청결을 나타내는 색상입니다(웨딩드레스). 청결(흰색 가운의 의사) 과 밝은 빛으로 안전을 나타냅니다.

3. 빨강

주의를 끌려면 빨간색을 사용하십시오. 병문안 시에도 좋습니다. 빨강은 에너지 색입니다. 빨간색은 전체로 사용하기보다는 부분적으로 사용해야 효과적입니다.

4. 회색

회색은 인생에서 실용적이고, 시대를 초월하며, 일부 회색 음영은 노년, 사망, 우울증 또는 방향 감각 상실과 연관이 있습니다.

5. 노랑

밝은 노란색은 웃음, 행복 및 즐거운 시간과 관련된 희망의 색입니다. 노란색으로 둘러싸인 주위에서 뇌가 실제로 더 많은 세로토닌(건강호르몬)을 분출합니다. 낙관주의적 색갈입니다. 신진대사를 촉진하고 창조적인 생각을 이끌어내는 힘이 있습니다.

6. 파랑(하늘빛)

파란 색깔은 사람들에게 안정감을 줍니다. 굳건함, 신뢰, 지혜 및 충성도를 나타냅니다. 집중을 도와주기 때문에 더 생산적인 사람으로 변하게 하며 운동선수는 더 좋은 실적을 거둡니다. 체육 기관에서도 사용합니다.

7. 분홍색

진정한 사랑의 색입니다. 분홍색은 모든 색 중에서 가장 차분합니다. 마음을 누그러뜨리고 진정시키는 효과가 있습니다. 분홍색은 연애 감정을 표현합니다.

8. 녹색

평화, 조화, 성장, 자연의 색입니다. 차분한 색상이고 감각에 매우 좋습니다. 짙은 숲의 녹색은 보수적, 남성적, 색상입니다. 병원은 환자에게 차분하게 밝은 녹색 방을 제공합니다. 또한 부러움, 행운, 관대함 및 다산과도 관련된 색입니다.

이솝 우화 중 이런 이야기가 있습니다.

<까마귀의 소원>

공작처럼 멋진 새가 되는 것이 소원인 까마귀가 있었습니다. 어느 날 그 까마귀는 땅에 떨어진 공작새의 깃털 몇 개를 발견하고 그것을 자신의 깃털 사이에 공작처럼 보이도록 꽂았습니다. 그런데 다른 동료 까마귀들이 그걸 알고 그를 조롱합니다. 이봐! 공작 깃털 몇 개로는 공작새처럼 되는 게 아니야, 이 바보야!

속옷부터 양복, 구두까지 완벽하게 차려입으십시오. 문밖을 나서기 전 "나는 멋진 신사(숙녀)다"라는 자기 자기선언을 해 보십시오. 확실히 다릅니다.

미니멀 라이프가
대세입니다

나는 오로지 나를 기쁘게 해 주고 내 삶의 질을 높여 주는 것만을 간
직하고 살게 되어 행복하다.

- 오프라 윈프리

미니멀 라이프란 일상생활에 꼭 필요한 물건만 가지고 살아가는
삶을 일컫는 말입니다. 집집마다 많은 이들이 청소 도구나 가재 도
구 등의 신제품이 나올 때마다 구입해서 물건이 넘쳐나지만 아까
워서 버리지 못하는 경우가 많을 것입니다. 한때 아파트가 큰 평수
보다는 작은 평수가 매매도 잘되고 인기가 있었습니다. 대부분 큰
평수에 사는 시니어들을 보면 자녀들이 오면 하루쯤 자고 가야 하
므로 방이 2개 이상 필요하다고 합니다. 그러나 앞으로 부모님 집
에 방문하여 하룻밤 자고 가는 자식들이 얼마나 될까요? 시어머니
도 아들 집에 가면 3시간 정도만 머무는 게 센스 있다고 합니다.
시대가 급격히 변하고 있습니다. 세계 곳곳에서 미니멀 라이프가
확산되고 있습니다.

지금 우리가 살고 있는 지구는 너무 풍요로운 물자로 넘쳐나고

있습니다. 1973년 영국의 경제학자 에른스트 슈마허(E. F. Schu-macher)가 "작은 것이 아름답다"고 주장해 사회적으로 큰 박수를 받은 바 있습니다. 그는 제2차 세계대전 이후 기계 산업의 발달로 인한 대량 생산 물자는 자연(육지와 바다)이 수용할 수 있는 범위를 넘어섰다고 말하며 인간의 무한한 욕망을 통제하고 인간과 자연이 공존하기 위해 친환경적으로 나아가자고 주장하였습니다.

아파트마다 배출되는 헌 가재도구는 소각하거나 매립하는데 심각한 환경오염을 일으킵니다. 불필요한 것들을 지나치게 사들여 결국 폐기물로 버림으로써 자연을 망가뜨리고 있습니다. 이러한 측면에서 미니멀 라이프는 친환경적 문화입니다. 그러므로 적극적으로 수용하고 확산시킬 필요가 있습니다.

미국에서는 약 10평 이하의 초미니 주택을 선호하고 있다고 합니다. 일본에서는 2011년 3월 11일, 후쿠시마에 발생된 지진과 쓰나미가 일만 오천 명을 사망에 이르게 하고 해안마을을 초토화시킨 바 있습니다. 그렇게 많은 인명과 재산 상실을 경험한 일본 사람들 사이에서는 불필요한 것을 끊고 버림으로써 소유의 집착에서 벗어나려는 단샤리(斷捨離) 열풍이 일고 있다고 합니다. 우리나라에서도 많은 사람들이 소형 주택과 함께 큰 정원보다는 4평 남짓한 작은 규모의 정원을 선호하고 있습니다. 돌보기도 쉽고 보기에도 아담해서 더 정감이 간다는 것이 그 이유입니다.[16]

---

16 이윤희, '줄이고 버리고⋯비움으로 얻는 행복', <KBS 뉴스>, 2017.9.22.

미니멀 라이프족은 초미니 집에서 모든 잡다한 가구와 물품을 다 버리고 달랑 책 몇 권 그리고 최소한의 가재도구로 생활합니다. 냉장고에도 많은 물건을 사다가 쟁여 두는 습관 대신 그때그때 필요한 것을 가까운 슈퍼에서 사다 먹는 방식을 취합니다. 이렇게 단순함과 실용성을 추구하는 사람들이 많아졌습니다. 그동안 이사 갈 때마다 신경 쓰던 많은 물건들과 이별하는 것입니다. 많은 물건에 대한 애착을 과감히 버리고 비싼 물건으로 사치스럽게 지내다가 실용적인 가치만을 생각한다는 것입니다. 어린이 장난감 등 남는 물건을 이웃에게 주어 나눔의 즐거움도 맛보고, 과다한 물건과 다양한 가재도구를 버림으로써 비움의 행복을 누리기도 합니다.

KB금융지주경영연구소 센터장은 "총 인구의 자연증가가 멈추고 감소하는 상황이 나타나고 있으며 미혼 및 이혼 인구가 늘어나 1인 가구는 계속 증가하여 1인 가구의 생활 형태가 사회·경제 전반에 미치는 영향도 지속·확대될 것"이라고 말했습니다.

따라서 향후 미니멀 라이프를 추구하는 사람들이 더욱 늘어날 전망입니다. 노년기에 미니멀 라이프는 몸과 마음을 훨씬 홀가분하게 할 것입니다. 미니멀 라이프란 내가 사용하는 물질만 최소화하는 것이 아니라, 나의 정신적 활동도 선택과 집중으로 단순화하는 것입니다. 시니어들은 물론 개인차가 있겠지만 자기에게 꼭 필요한 것을 선택하고 이에 집중하여 사는 게 좋습니다. 많은 활동에 참여하는 것도 좋지만 모든 것을 단순화하여 참여 범위도 축소하고 간결하게 함으로써 더욱 알찬 인생을 살 수 있을 것입니다.

돈은 착하게 쓸 때
행복합니다

부자가 재산을 자랑하더라도 그 부를 어떻게 쓰는가를 알기 전에는

칭찬하지 마라.

- 소크라테스

　그동안 손때 묻은 것들이 아깝고 미련이 남는 사랑하는 소유물들입니다. 본래 소유물이 없이 지내다가 소유물이 점차 불어나면 자연 여기에 집착하고 미련을 갖게 됩니다. 특히 가난한 시절부터 조금씩 노력하여 장만한 것들에 대한 애착이 클 것입니다. 또한 현금 자산도 마찬가지입니다. 인간의 품위를 지켜 주고 편안한 생활을 보장해 주는 현금이야말로 더욱 그 집착을 끊기가 어렵습니다. 그러나 무엇에 매여 있다는 것은 그것으로부터 자유스럽지 못한 것입니다.

<부자 청년의 재물에 대한 집착>

　한 부자 청년이 예수께 나아와 자기는 부모님께도 효도하였고 윤리적으로 율법적으로 완벽하게 산 사람인데 어떻게 하여야 구원을 얻을 수 있겠느냐고 물었습니다. 이에 예수께서는 그 청년에게 "네 소유를 팔아 가난한 자들에게 주라. 그리하면 하늘에서 보화가 네게 있으리라. 그리고 와서 나를 따르라"고 하셨습니다. 그러자 그 청년이 재물이 많으므로 이 말씀을 듣고 근심하며 떠났습니다.

　예수님께서 이 청년의 경제관념을 바꾸시려고 했는지 아니면 말 그대로 모든 재산을 다 팔라고 하셨는지는 모르겠습니다. 신약시대에 이 부자 청년을 포함하여 세리 삭개오, 아리마대 요셉, 바나바 등도 부자였지만 이들에게 그들의 재산을 다 팔라고 하시지는 않았습니다. 아마도 이 청년은 매우 인색하고 돈에 집착했던 것으로 보입니다.
　돈은 하느님이 주신 선물이며 다만 소유자는 이 재산의 선한 관리자여야 합니다. 이러한 소유를 '내 것'이라는 관념에서 자신이 관리자일 뿐이라는 생각으로 전환한다면 소유로부터 자유로워질 수 있습니다. 인간은 '이것이 내 것'이라고 점을 찍는 순간 거기에 집착하게 되어 있습니다. 그러므로 이러한 집착에서 벗어나는 훈련이 필요합니다. 기독교인의 물질관은 청지기 개념입니다. 즉, 세상에서 가진 모든 물질은 하느님이 주신 것이며 인간은 오직 선한 관리자로서 이를 선용해야 한다는 뜻입니다. 예수님은 이 청년의 마음을 꿰뚫어 보시고 계셨습니다.

자신에게 인색한 자보다 더 악한 자는 없다.

- 성경 집회서 14장

돈은 먼저 자기 자신에게 쓰라는 것입니다. 자기에게 돈을 쓰지 않는 사람은 또한 다른 사람에게도 인색하기 마련입니다. 자기에게 인색한 사람은 자기에게 인색한 만큼 다른 사람에게도 인색합니다. 이렇게 자기에게 철저히 인색한 사람이 남겨 놓은 재물은 결국 다른 사람들이나 자식들이 흥청망청 사용하게 될 것입니다. 그러므로 돈은 먼저 자기를 위해서 사용할 줄 알아야 합니다. 돈을 먼저 자기 자신에게 쓰라는 것은 허랑방탕하게 낭비하라는 것이 아니라 자기가 수고하고 애써 모은 돈이니 적당히 누릴 줄도 알고 마음의 여유를 찾으라는 것입니다. 그래서 생전에 남에게 관용을 베푸는 등 착하게 쓰고 떠나야 합니다. 평소 자장면만 사먹는 등 인색하게 살다가 죽은 뒤에 많은 재물을 남겨놓는 바보도 적지 않습니다.

가톨릭의 황창연 신부는 그의 강연에서 "장례비만 남겨 놓고 다 쓰고 떠나라"고 조언하였습니다. 재물은 죽고 나서 상속이나 유산으로 주는 것보다 살아 있을 때에 자신의 관용을 보이는 데 쓰는 것이 훨씬 현명한 일입니다. 하지만 자기가 모아 놓은 돈을 제대로 써 보지 못하고 세상을 떠나는 미련한 사람들이 많습니다.

재산은 가지고 있는 자의 것이 아니고, 그것을 즐기는 자의 것이다.

- 그윈 하우얼

이솝 이야기에는 이런 얘기가 있습니다.

<묻어둔 황금은 의미 없다>

옛날에 아주 지독한 구두쇠가 있었습니다. 그는 가진 재산을 다 팔아서 시장에서 황금으로 교환하였습니다. 매우 의심이 많고 재물의 소유만 즐기는 그는 황금을 땅에 파묻고 매일매일 그곳을 찾아가 황금이 안전하게 있는지 확인했는데 그게 그의 기쁨이었습니다. 매일매일 주인이 그곳을 방문하는 것을 수상히 여긴 그의 일꾼이 어느 날 그곳을 몰래 파 보았습니다. 큰 황금덩어리를 발견하고 그것을 파내서 훔쳐 줄행랑쳤습니다. 다음 날 금이 사라진 것을 발견하고 구두쇠는 머리를 쥐어뜯으며 비통해하였습니다. 그러자 현자(賢者)가 나타나 해결 방안을 말해 주었습니다. "우선 큰 돌을 주워다가 구멍을 틀어막으시오. 그리고 예전처럼 그 안에 황금이 있다고 생각하고 즐거워하시오. 변한 것은 하나도 없습니다. 그 안에 황금을 묻었을 때 당신이 그것을 사용하지 않았으므로 예나 지금이나 무슨 차이가 있소? 이 바보 양반아!"

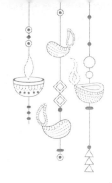

자랑하지
마십시오

자기 자랑은 상대의 시기심을 촉발하고 부끄러움을 예약하는 것입니다.

지식 자랑

시니어들은 대부분 경험이 중시되는 농경사회 문화 속에서 살았습니다. 당시 젊은이들은 시니어들의 경험에 경의를 표하고 시니어들의 충고와 지도를 따랐습니다. 그러나 인공지능 시대에는 전혀 그럴 필요가 없습니다.

"너 자신을 알라"라는 소크라테스의 말은 당시 많은 소피스트들이 진리를 제대로 알지도 못하면서 청년들을 미혹하여 돈 벌이하는 것을 보고 그들이 모르고 있다는 사실조차도 모른다는 의미에서 던진 말입니다. 그러므로 우리는 무엇을 안다고 하지만 그것을 제대로 완전하게 알고 있는지 의문을 가져야 합니다. 우리는 아는 것보다 모르는 게 훨씬 많습니다.

1260년경 독일에서 태어난 신비주의 철학자 마이스터 에크하르트는 사람들을 향하여 집착으로부터 벗어나라고 외쳤습니다. 그러면서 그는 구체적으로 인간이 '아는 것', '가진 것', '원하는 것'에 매여 살지 말라고 강조하였습니다. 사실 이 세 가지가 인간이 추구하는 최대 목표일 것입니다. 살아 있는 인간이라면 더 배우고 싶고 더 가지고 싶고, 더 원하는 게 당연하게 느껴집니다. 그러나 이러한 인간의 본능에 역행해야 인간이 행복하다는 것입니다. 또 이것이 신(神)과 일체가 되는 길이라고 하였습니다. 자기가 무엇에 대하여 안다고 생각하고 으스대고 뽐낼 때 자기로 충만해지고 겸손할 수 없습니다. 사실 우리가 아는 지식이란 뽐내 보았자 우주 자연의 모든 분야를 생각하면 해변의 모래알 정도로 비교될 수 있는 아주 작고 미미한 것에 불과한 것입니다. 그러므로 자기 지식을 자랑하는 자는 아직 덜 성숙한 것입니다.

아는 것을 자랑하지 말라는 것이지 배우지 말라는 것은 아닙니다. 배우면 배울수록 우리의 부족을 깨달을 수 있고 더욱 겸손해지기 때문입니다. 특히 어설픈 지식을 자랑하지 마십시오. 늘 배우고 익히는 것만 못합니다. 비록 나이가 들어도 항상 남에게서 배우려 하는 자세가 아름답습니다. 어설픈 지식으로 전체를 다 아는 것처럼 말하면 안 됩니다.

현재는 경험보다는 정보 위주의 사회입니다. 과거가 경험위주의 사회였다면 현재는 엄청난 빅 데이터 사회입니다. 과거에는 젊은이들이 알고 싶은 것을 시니어들에게 의존했지만 현재는 그럴 필요가 없어졌습니다. 현재는 인공지능 시대이기 때문입니다.

시대의 흐름을 타지 못하는 시니어들은 이러한 현상을 이해하지 못하고 젊은 사람들이 버릇이 없어졌다거나 세상이 타락했다고 원망하기도 합니다. 시대의 흐름을 따라가지 못하면 자연 뒤처지기 마련입니다. 시니어들도 스마트폰이나 컴퓨터를 배워서 디지털 문맹자가 되지 않도록 노력해야 합니다. 사회는 지금 청년층과 노년층 간에 정보의 편재(偏在)가 심합니다. 시니어들도 노력하면 디지털 문맹자에서 벗어날 수 있습니다. 대부분의 시니어들이 장유유서(長幼有序)와 경로사상이라는 유교 문화에 집착하고 있기 때문에 젊은 사람들의 빈축을 사고 있습니다. 우리는 지금 평등사회에 살고 있습니다.

왕년 자랑, 가족 자랑

노년은 추억에 살고 젊은이는 꿈에 산다고 했습니다. 그래서 시니어들은 주의하지 않으면 자기의 과거를 들추어 자랑하기 쉽습니다. 시니어들이 잘 쓰는 단어를 살펴보면 '왕년에', '나도 한때는'이라는 말이 많습니다. 또 시니어들은 곧잘 손주나 자식, 집안 자랑을 하기 쉽습니다. 이러한 자기 자랑이나 집안 자랑을 듣는 것은 유쾌한 일이 아닙니다. 손주들이 천재가 아닌 경우가 거의 없습니다. 꼭 자랑하고 싶으면 현재 훌륭하게 살아가는 모습과 미래의 희망을 자랑하고 그렇지 않다면 침묵하는 게 낫습니다.

행복은 '감사'에
비례합니다

지금 가지고 있는 것에 감사하십시오, 그러면 당신은 더 많은 것을 받

을 수 있습니다. 그러나 가지고 있지 않은 것을 계속 추구한다면, 당신은

절대로 행복하지 못할 것입니다.

- 오프라 윈프리

행복은 감사하는 자에게 찾아옵니다. 만일 자신이 아직 불행하다고 느끼는 사람이라면 '감사 노트'에 감사한 일들을 매일매일 기록하여 보십시오. 그러면 자신이 얼마나 행복한 사람인지 금방 알게 될 것입니다. 감사 노트에 하루 동안의 긍정적 느낌을 적어봅시다.

감사 노트: 나를 행복하게 하는 것들

• 아직 천둥소리와 귀뚜라미 소리를 들을 수 있고 전통시장의 상인과 손님의 흥정하는 모습이 재미있고 비가 갠 오후의 싱싱한 풀잎과 새싹들을 볼 수 있어 행복하다.

- 지금도 헨델의 곡 「메시아」를 듣고 전율할 수 있어 행복하고 TV 드라마를 즐길 수 있어 행복하다.

- 사랑하는 손자의 '감사'하다는 말을 듣고 행복하다.

- 아직도 부모님을 위하여 기도할 수 있어 행복하고 미소 지을 수 있어 행복하다.

- 새소리며 시냇물 소리를 들을 수 있어 행복하다.

- 아침에 거뜬히 일어날 수 있어 행복하다.

- 손자의 키가 크는 걸 보니 정말 행복하다.

- 함께 식사할 수 있는 친구가 있어 행복하고 가끔 석양구름의 실버라인을 볼 수 있어 행복하다.

뜨거운 땡볕도 한겨울의 강추위를 생각하면서 감사할 수 있습니다. 커피 한 잔을 마시면서도 커피 맛을 즐길 수 있는 미감이 살아 있음에 감사하고, 걸을 수 있는 것도 병원에 누워 있지 않은 것에 감사해야 합니다. '감사'는 행복의 샘입니다.

<노인의 감사 기도>

천사가 하느님의 명령을 받고 지상에 내려왔다. 그의 임무는 성도들의 기도를 담기 위해 바구니를 가지고 성도들이 기도하고 있는 곳이면 어디든지 찾아다녔다. 새벽 기도, 금식 기도, 특별 기도 등 어디든지 찾아가 기도를 담았다. 그리스도의 영광과 감사하는 기도는 없었지만 하느님의 명령이니 모든 성도의 기도를 바구니에 담을 수밖에 없었다. 더 이상 아쉬울 것이 없다고 생각되는 부자 교회도 찾아갔다. 그러나 하느님께 영광을 돌려 드리는 기도와 생활 감사 기도는 없었다. 거지근성의 기복주의적 기도뿐이었다. 바구니가 가득 차서 천사는 하느님 앞으로 가져갔다. 하느님은 그 바구니에서 감사 기도만 따로 골라내라고 하셨다. 수집한 기도 가운데 감사 기도는 달랑 한 건뿐이었다. 어떤 가난한 노인이 빵 한 조각을 들고 감사하는 기도였다. 하느님께서 천사에게 그 가난한 노인에게 일용할 양식을 풍족히 내려 주라고 명령하셨다.

당신이 부자가 되고 싶고, 행복해지고 싶습니까? 그러면 현재 당신이 가지고 있는 것 중에 돈을 가지고 살 수 없는 것들을 카운트 해 보십시오. 당신의 눈, 팔다리, 건강, 당신의 꿈, 사랑하는 가족들, 친구들은 결코 돈으로 살 수 없는 귀한 자산입니다. 당신이 받은 축복을 날마다 세어 보는 습관을 기르십시오. 그래도 당신이 불행하고 가난하다고 생각하십니까? 먼저 가진 것에 감사하지 않으면 더 많은 것을 받을 수 없답니다.

인류의 불행의 씨앗은 이 가진 것에 감사할 줄 모르고 아직 가지지 못한 것에 탐심을 부릴 때 생깁니다. 전쟁도 이 인간의 탐심 때문에 생기는 것입니다. 사회의 거의 모든 범죄가 자기가 가진 것보다는 아직 갖지 못한 것에 한을 품고 달려들 때 생기며 개인의 불행과 사회의 불안함 그리고 국가 간의 전쟁으로 확대되는 것입니다. 국가 간의 큰 전쟁도 작은 탐욕에서 시작됩니다.

> 너희는 주의하여라. 모든 탐욕을 경계하여라. 아무리 부유하더라도 사
> 람의 생명은 그의 재산에 달려 있지 않다.
>
> - 성경 루카복음 12장

대개 사람들은 돈이 많으면 행복하게 되고 자기가 가지고 싶은 것을 가지면 행복할 것이라고 착각합니다. 세상이 주는 것은 소금물과 같습니다. 가지면 가질수록, 마시면 마실수록 더 갈증이 심해지고 행복과는 거리가 멀어집니다.

<얻어먹을 수 있는 힘만 있어도 주님의 은혜라>

충북 음성군에서 부유한 집안의 귀염둥이로 자란 최귀동 씨의 이야기는 우리에게 많은 감동과 여운을 줍니다. 그는 어린 시절에 귀공자로 자랐습니다. 하지만 지독하게 운이 나빠 갑자기 일제의 징용으로 끌려가 이유 없는 고문과 고초를 겪다가 마침내 해방되어 고향인 충북 음성에 귀향하였습니다. 그러나 부모님은 이미 오래전에 지병을 앓다가 세상을 떠났고 부모님이 소유하던 부동산마저 모두 남의 손에 들어가 오갈 데 없는 노숙자 신세가 되었습니다.

그는 하는 수 없이 당시 충북 음성군의 무극다리 밑에서 거적때기를 뒤집어쓰고 걸식하는 걸인들과 함께 생활하기로 결심하였습니다. 상당한 수의 걸인들이 거의 모두가 지병이 있었지만 어떻게 손쓸 방

법이 없었습니다. 심지어 동네에 나가 끼니때마다 구걸해야 연명하는데도 몸이 아파서 누워 지내는 걸인들이 많았습니다. 이를 측은하게 여긴 최귀동 씨는 이들을 위하여 희생하기로 마음먹고 이들의 몫까지 구걸하여 먹여 살렸습니다. 이때 최귀동 씨가 아주 인간의 마음을 미묘하게 움직이는 말을 하게 되는데 그것은 바로 "얻어먹을 수 있는 힘만 있어도 주님의 은혜"라는 말입니다.

다행히 그는 건강해서 다리 아래서 동거하는 이들을 위하여 40여 년 동안 음식물을 거두어 먹이고 이들 가운데 누군가 지병으로 세상을 떠나면 간단한 장례까지 치러 주는 등 선행을 베풀었습니다. 그런 가운데 오웅진 신부님이 최귀동 씨를 알게 되었습니다. 그가 나지막하게 중얼거린 한마디 "빌어먹을 수 있는 힘만 있어도 하느님의 은혜"라는 말에 깊이 감동한 오웅진 신부는 불쌍한 이들을 위하여 사회사업기관을 구상하였습니다.

마침내 1976년에 2만 2천 5백㎡(약 6,806평)에 의미 있는 사회복지시설이 정식으로 태동하였습니다. 이렇게 해서 태동한 것이 전국적으로 알려진 충북 음성의 '꽃동네'입니다. 그 규모가 워낙 커서 많은 공공기관에서 견학 겸 봉사활동을 통하여 지원하고 있습니다. 수혜자도 3천여 명 이상에 이르고 80여만 명의 후원자가 있다고 알려졌습니다. 최귀동 씨가 세상을 떠났지만 천주교가 그의 선행을 기리기 위하여 '거지 성자'로 칭하고 인류애 봉사 대상을 수여한 바 있습니다. 그의 선심이 작용하여 오늘날 많은 불행한 사람들이 이곳에서 보살핌을 받고 있습니다.

이것은 최귀동 씨의 선심이 일으킨 물결효과(ripple effect)였습니다. 최악의 상황에서도 원망하거나 불평하지 않고 감사하며 살았던 그의 일생은 한 푼이라도 더 가지려는 부자가난뱅이들에게 인생을 어떻게 살아야 하는지를 가르쳐 주었습니다.

그는 "빌어먹을 수 있는 힘만 있어도 하느님의 은혜"라는 경구(警句)를 남기고 홀연히 세상을 떠났습니다.

이솝의 이야기 하나를 소개합니다.

<사랑이 승리한다>

북풍이 태양에게 말을 건넸다. "나는 너보다 강해". 그러자 태양이 말했다. "그럼 누가 센지 시합해 볼까?" 곧 그들은 두꺼운 외투를 입고 걷고 있는 사람을 발견하였다. 그럼 "저 사람의 옷을 벗기는 걸로 게임을 해 보자"라고 태양이 먼저 제안했다. 북풍도 동의하였다. 게임이 시작되자마자 북풍은 그 남자의 옷이 벗겨지고 귀가 떨어져 나가도록 마이너스 50도의 추위와 초속 50미터의 매서운 태풍으로 그 남자를 공격하였다. 그러나 그 남자는 추울수록 더욱 단단히 옷을 여미고 걸었다. 북풍은 더 이상 어쩔 수 없어 포기했다. 이번에는 태양 차례였다. 태양은 열을 아주 뜨겁고, 눈부시게 그 행인의 온몸에 내리꽂았다. 그는 수건을 꺼내 얼굴의 땀을 닦더니 모자를 벗고 목도리도 풀었다. 그래도 도저히 더위를 참을 수 없어 옷을 벗어 던져 버리고 급히 길가 호수에 풍덩 뛰어들었다. 결국 태양이 이겼다.

겸손은
행복의 출발점입니다

아무 일에든지 다툼이나 허영으로 하지 말고, 오직 겸손한 마음으로

각각 자기보다 남을 낫게 여기고

- 성경 빌립보서 2장

    겸손은 크리스천들의 미덕 중의 하나입니다. 겸손은 나보다 남을 낫게 여기는 데서 출발합니다. 나보다 나이가 많은 사람을 만난다면 그가 나보다 선행을 많이 했을 것이라고 생각하여 자기를 낮추고, 젊은이를 만난다면 그가 나보다 더 선행할 기회가 많을 것이라 생각하고 스스로 겸손해져야 합니다. 아무리 아름다운 정원일지라도 그곳에 세상의 모든 꽃이 다 있는 것은 아닙니다. 마찬가지로 한 사람이 모든 장점을 다 가질 수는 없습니다. 누구나 상대가 나보다 무언가 나은 점을 가지고 있다고 생각하면 틀림없습니다. 경쟁사회에 살다 보면 언제나 상대를 낮춰 보고 무시하기 쉽습니다. 일단 상대가 나보다 무언가 낫다고 생각하면 스스로의 마음가짐도 달라지고 목소리와 태도가 달라질 것입니다.

낮은 곳으로 흐르는 물의 겸손

중국의 고대 사상가인 노자는 지극히 착한 것은 마치 물과 같다고 하였으며 물은 만물을 이롭게 하면서도 다투지 아니하는 이 세상에서 으뜸가는 선의 표본이라 하였습니다(上善若水). 물은 온갖 더러운 것을 깨끗이 씻어 주고 말라붙은 생명체에 원기를 불어넣습니다. 기독교에서는 회개(悔改)의 증표로 물로 세례를 줍니다. 힌두교 신자들도 갠지스 강에 몸을 씻습니다. 또한 물은 생명을 태동시키는 데도 기여합니다. 난자와 정자도 물이 없으면 안 됩니다. 인간들이 목말라할 때에 시원하게 갈증을 풀어 주니 우리는 물의 고마움을 잊을 수 없습니다.

물은 어느 그릇에나 불평 없이 담깁니다. 네모난 그릇, 둥근 그릇의 모양에 관계없이 담깁니다. 즉, 어떠한 환경에도 잘 순응합니다. 또 물은 높은 곳에서 낮은 곳으로 흐릅니다. 삼투압 현상을 제외하고 물은 언제나 아래로, 아래로 흐릅니다. 산에서 냇가로, 냇가에서 강으로 강에서 바다로 흐릅니다. 겸손의 결과를 보여 주는 것입니다. 낮은 곳으로 향한 물이 마침내 거대한 바닷물이 되는 것입니다. 모든 것을 포용하는 바닷물이 됩니다. 바닷물은 어마어마한 화물선도, 크루즈도 띄워 주고 온갖 생물들이 서식하고 생동할 수 있도록 해 주는 어머니 같은 역할을 합니다. 그리고 물은 잘 스며들고 부드럽습니다. 우리도 물처럼 살 수 있다면 가장 착하고 겸손하여 이타적인 삶이 될 것입니다.

예수님은 만일 누가 잔칫집에 초청받는다면 가장 끝자리에 앉으라고 말씀하셨습니다. 그러지 않으면 나중에 자리를 비켜 줘야 하는 민망함이 있을 거라는 것입니다.

사람들은 자기보다 가난한 자를 만난다면 복을 못 받은 자이거나 게으른 사람이라고 생각하기 쉽습니다.

그리고 부자를 만나면 탈세를 했거나 부당한 방법으로 돈을 모았을 것이라고 하여 애써 반감을 가질 필요 없습니다. 가난한 자는 인생을 제대로 깨달았을 것이라 생각하고 부자를 만나면 나보다 지혜로운 자라고 생각한다면 어떨까요? 잘 익은 벼 이삭이 고개를 숙이고 영근 포도송이가 아래로 늘어지는 법입니다. 지식인의 절정은 겸손입니다. 타인을 함부로 정죄하거나 재단(裁斷)하지 마십시오. 사람을 판단하는 것은 신의 영역입니다.

교만은 지옥의 통로이며, 겸손은 하느님의 능력과 자비를 불러들이는 축복의 문입니다. 겸손은 오직 의(義)를 위해서, 다른 사람의 행복을 위해서만 사용합니다. 겸손의 그릇은 우주를 담을 만큼 넓고 크지만 교만은 티끌도 담을 수 없는 작은 그릇입니다.

다음은 겸손과 관련한 이솝 우화입니다.

<겸손해야 한다>

강가에 커다란 버드나무가 있었다. 버드나무는 강물로부터 수분을 수월히 흡수한 덕에 뿌리가 매우 약했다. 주변에는 갈대가 무성했다. 버드나무는 갈대가 조금만 바람이 불어도 이리 흔들, 저리 흔들 춤추는 게 가소로웠다. 버드나무가 "야! 넌 왜 그리 줏대가 없어?"라고 했다. 그러자 갈대가 "난 원래 겸손하고 공손해, 태풍이 오면 네가 먼저 쓰러질 테니 조심해" 하고 오히려 경고를 날렸다. 태풍이 오자 갈대는 허리를 굽혀 태풍이 빨리 지나도록 길을 터줬다. 뿌리가 매우 약한 강가의 버드나무는 몸을 곧추세워 저항하고 뻗대다가 순식간에 뿌리째 뽑혀 꽈당 쓰러져 땔감이 되고 말았다.

성경에도 겸손에 대한 이야기가 나옵니다.

<겸손한 여인의 큰 믿음>

예수께서 두로와 시돈 지방으로 여행하시는데 가나안 여자 하나가 그 지경에서 나와서 소리 질렀습니다. "주 다윗의 자손이여 나를 불쌍히 여기소서. 내 딸이 흉악하게 귀신 들렸나이다". 예수는 한 말씀도 대답하지 아니하시니 제자들이 "그 여자가 우리 뒤에서 소리를 지르오니 그를 보내소서" 하였습니다. 예수께서는 "이스라엘 집의 잃어버린 양 외에는 다른 데로 보내심을 받지 아니하였다" 하시니 여자가 와서 예수께 절하며 "주여 저를 도우소서" 하였습니다. 이에 예수께서 "자녀의 떡을 취하여 개들에게 던짐이 마땅하지 아니하다" 하셨습니다. 이에 대하여 여자가 "주여 옳소이다마는 개들도 제 주인의 상에서 떨어지는 부스러기를 먹나이다"라고 말했습니다. 이에 예수께서 "여자여! 네 믿음이 크도다. 네 소원대로 되리라" 하셨습니다. 그리고 그녀의 딸은 그때 즉시 나았습니다.

- 성경 마태복음 15장

이 여인은 절박한 상황에서도 자신의 처지를 극도로 낮추고 간청하였습니다. 겸손으로 마침내 그녀의 소원을 이루었습니다.

시간은
인생의 재료입니다

인생을 사랑하는가. 그렇다면 시간을 낭비하지 말라. 시간은 인생을
이루는 요소이다.

- 벤저민 프랭클린

미국의 정치가이며 발명가인 벤저민 프랭클린은 "시간은 인생을
구성한다"라고 말했습니다. 시간 사용은 각자의 인생의 목표나 설
계와 밀접한 관계가 있습니다. 아무런 동기가 없는 사람에게 시간
을 아껴 쓰라고 하면 별 설득력이 없는 것 같습니다. 뚜렷한 목표
가 설정되어 있을 때 이에 맞추어 시간 사용도 규모 있게 이루어질
수 있습니다.

그러므로 효과적인 시간 사용은 개인의 인생 목표와 직결되어
있다고 말할 수 있습니다. 자기 인생 설계를 가진 사람은 거기에
시간을 맞추기 때문에 성공적으로 시간을 사용합니다. 그러므로
시간보다 인생 설계가 먼저입니다. 인생 설계를 한 사람은 시간을
낭비하지 않습니다. 왜냐하면 정해진 시간 안에 자기 인생 목표를

달성해야 하기 때문입니다.

시간도 일종의 무형 자원이므로 매우 지혜롭게 관리해야 합니다. 보이지 않기 때문에 그 소중함을 무시하기 쉽습니다. 시간은 은행에서 대출하거나 남에게서 빌릴 수도 없는 것인 만큼 자투리 시간도 허비하지 않도록 해야 합니다. 우리가 큰돈을 쓸 경우 소비 계획을 세우는 것처럼 시간도 연간, 월간 또는 일일 사용 계획을 세워서 우리 인생을 짜임새 있게 만들 필요가 있습니다. 시간은 돈보다 훨씬 가치가 있습니다. 돈은 저축할 수 있지만 시간은 붙들 수 없기 때문입니다. 하루의 마지막인 저녁시간이나 연말에는 시간 사용을 결산해 보는 것도 중요하리라고 생각합니다. 정말 가야 할 곳을 가고 만나야 할 사람을 만났는지 그리고 꼭 필요한 일을 했는지 점검이 필요합니다. 병에 걸려 그토록 살려고 애쓰는 사람을 보면 시간은 생명입니다.

우리에게는 매일매일 24시간, 1,440분, 86,400초씩 시간 자원이 공짜로 주어집니다. 시간은 쓰지 않아도 강물처럼 흘러갑니다. 저장하거나 붙들어 둘 수도 없습니다. 목표가 뚜렷하고 할 일이 많은 사람이야 시간이 부족하다고 느끼겠지만 자기 인생의 목표가 부실하고 자기 인생에 무책임할수록 시간은 지루하고 무료(無聊)하다고 느낄 것입니다.

시간은 우리 인생의 재료입니다. 오늘이라는 시간은 어제 세상을 떠난 사람들이 그렇게 살기를 원했던 시간입니다. 우리가 살아 있는 동안 어김없이 주어지는 '하루'라는 선물에 감사하며 살아야 합니다. 인생은 너무 짧습니다. 낭비할 시간이 없습니다. "가진 것은 시간밖에 없다"는 우스갯소리가 "나는 시간 가난뱅이다"라는 말로 바뀔 만큼 바쁘게 살아야 합니다.

인생은 5분의 연속이다

러시아의 전체주의를 지향하던 황제 니콜라이 1세는 도스토옙스키가 1849년 '페트라셰프스키(Petrashevsky)'라는 범죄 집단(연구회)에 가담하였다는 이유로 반역죄로 군사재판에서 사형선고를 내렸습니다. 당시 그의 나이 28세였습니다. 그는 1849년 12월 22일 영하 50도의 매서운 겨울날씨에 세묘노프스키 광장에서 다른 죄수들과 함께 인생 최후의 순간을 기다리고 있었습니다.

그때 사형 집행관 배려로 사형수들에게 최후 5분이 주어졌습니다. 도스토옙스키는 자기를 알고 있는 모든 이들에게 이별의 기도를 하는 데 2분, 그동안 내려주신 하느님의 은총에 감사하며 함께 죽을 사형수들에게 작별 인사하는 데 2분, 국가에 감사하는 데 1분을 쓰기로 마음먹었습니다. 과거 일들이 주마등같이 머리를 스쳐 지나갔습니다.

사형집행 시간이 1분도 채 남지 않은 바로 그때 사형장에 시종무관이 급히 말을 타고 달려와 "사형집행을 중지하라"고 외쳤습니다. 극적으로 사형을 면했지만 대신 그는 시베리아에서 4년 동안 유배

생활을 해야 했습니다.

그 후 마지막 5분의 소중한 경험을 잊을 수가 없었던 그는 "인생은 5분의 연속"이라고 말했습니다. 그는 남은 생애 동안 시간의 소중함을 간직했으며 『카라마조프가의 형제들』, 『죄와 벌』, 『영원한 만남』과 같은 불후의 명작을 남겼습니다. 도스토옙스키는 이 5분의 경험을 그의 소설 『백치』에 기록해 두었습니다.

책이
사람을 만듭니다

> 인생은 한 권의 책과 같다. 어리석은 사람은 대충 책장을 넘기지만 현명한 사람은 공들여서 읽는다. 그들은 단 한 번밖에 읽지 못하는 것을 알기 때문이다.
>
> - 장 파울

나이가 든다고 해서 누구나 존경받는 '어른'이 되는 것은 아닙니다. 다만 늙어가는 것뿐입니다. 자기를 잘 관리하지 않으면, '일흔 살 먹은 아이', '지팡이 짚고 다니는 아이'로 지낼 수밖에 없습니다. 인간의 위대한 점은 자기를 완전히 바꿀 수는 없지만 개선시키고 발전시킬 수는 있다는 점입니다. 스스로 노력하고 자기를 교육하지 않으면 안 됩니다. 계절에 관계없이 책을 가까이 하십시오. '가을은 독서의 계절'이라고 한 이유는 가을이 1년 중 가장 책을 안 읽는 계절이기 때문입니다. 가을철 서점의 매출은 봄철의 절반도 안 된다고 합니다.

인간의 머릿속에 든 것은 세상의 누구도 빼앗아 갈 수 없습니다.

사람의 인격과 인품은 나이가 든다고 해서 저절로 만들어지는 것은 아닙니다. 안중근 의사(1879~1910)의 옥중서신 가운데 "하루라도 독서를 하지 않으면 입에서 가시가 돋아난다(一日不讀書 口中生荊棘)"는 말씀처럼 자기 안에 갇혀 있으면 자기 고집과 생각에서 벗어나지 못하고 우물 안 개구리가 되고 맙니다. 우리는 독서를 통해서 넓은 신천지로 나아갈 수 있습니다. 새로운 게 들어가지 않으면 자기 안의 것은 썩어갑니다.

<지식의 힘>

여러 상인들이 배에 탔습니다. 그런데 유독 한 사람만 짐이 없었습니다. 그래서 사람들이 "당신은 무엇을 파는 사람이오?" 하고 물었습니다. 그러자 그 신사는 "나는 세상에서 가장 중요한 것을 파는 사람입니다"라고 대답하였습니다. 사람들은 호기심이 발동하여 그가 잠든 사이에 그의 소지품을 조사했지만 아무것도 나오지 않았습니다. 모두들 이상하게 여겼습니다. 잠시 후 풍랑이 일어나 모든 짐이 물속에 떠내려갔습니다. 모두가 가까스로 생명을 건지고 육지에 당도했습니다. 그런데 아무것도 가지지 않은 그 신사는 회당에 가서 강의를 하여 좋은 지식을 전달하고 많은 돈을 벌었습니다.[17]

---

17 마빈 토케이어 지음, 백우암 옮김, 『몸을 굽히면 진리를 줍는다』, 동천사, p.311~312 참조.

책을 통한 간접경험은 우리를 성숙하게 하고 넓은 세계로 나아가게 합니다. 책도 음식처럼 내용을 곱씹어야 맛있습니다.

계란이 스스로 안에서 알을 깨고 나오면 병아리가 되지만 외부에서 깨면 계란프라이가 되듯이 나 스스로를 가르치고 교육하지 않으면 계란과 같은 봉변을 당할 수 있습니다. 코미디언 이상용 씨는 아침 일찍 한 권의 책을 읽는 것을 습관화하고 있으며, 스티브 잡스는 제일 좋아하는 것이 책과 스시(초밥)라고 말했습니다. 그들은 독서로 인격을 완숙(完熟)하게 만들었습니다. 세계를 다 다녀 볼 수 없고 유명한 사람들을 모두 만나 볼 수 없지만 책을 통해서 그 사람들의 생각과 삶을 배울 수 있습니다. 책 속에 길이 있습니다. '사람은 책을 만들고 책은 사람을 만듭니다.'

빚진 자의 심정으로
살아갑시다

우리는 나면서부터 빚진 자가 됩니다. 사는 동안에도 빚을 지고 그리고 죽을 때도 그 빚을 다 갚지 못하고 죽습니다.

부모님께 진 원초적인 빚

인간은 다른 동물에 비하여 성장 기간이 매우 깁니다. 참새는 부화한 지 2주 만에 둥우리를 떠납니다. 또 독수리는 부화되어 4개월이면 비상할 수 있습니다. 코끼리는 태어난 지 1시간도 안 돼서 걸을 수 있습니다. 하지만 인간의 경우, 사람 구실을 제대로 하려면 태어나고 최소한 20여 년이 걸립니다. 이 기간에 부모님의 보살핌과 이웃들, 사회적 보호가 절대적입니다. 한마디로 갚을 수 없는 큰 빚을 진 것입니다.

부모님은 육신의 생명을 주신 은인이요, 특히 어머니는 하나님 사랑의 가장 큰 파편입니다. 학교 선생님은 우리의 인격 성장과 지적 발달을 도와주었습니다. 우리는 이분들께 영원한 채무자입니다. 부모님의 헌신적인 사랑은 하느님의 사랑을 깨닫게 해 주는 모델입니다.

국가와 사회에 진 빚

시리아의 난민들의 고통을 생각해 보십시오. 국가란 개인에게는 집과 같습니다. 사실 국가가 없으면 집이 없는 것보다 더 가련합니다. 우리는 이 국가에 대해 감사한 마음을 늘 잊고 삽니다. 그리고 문명의 총아인 스마트폰과 TV, 컴퓨터를 아무 생각 없이 사용하고 즐깁니다. 갓 태어난 아이들은 어릴 때부터 이러한 첨단 제품에 대하여 너무나 익숙해져서 이것들은 거의 당연한 것이 되고 맙니다. 자동차도, 비행기도 마찬가지입니다. 그러나 이러한 제품들을 우리가 누리기까지는 많은 과학자들과 기술자들의 피눈물 나는 노력이 있었습니다. 하지만 현대인들은 어떻게, 누가 만들었는지, 얼마나 실패를 거듭했는지에 전혀 관심이 없습니다.

어디 그뿐입니까? 하늘에서, 바다에서, 그리고 육지에서 목숨을 걸고 나라를 지키는 군인들이 있기 때문에 우리가 편안히 잠을 잘 수 있습니다. 만일 이들이 없다면 지붕 없는 집에서 자는 것과 같을 것입니다. 그러나 우리는 이러한 모든 국가의 노력을 망각하고 당연시(當然視)할 뿐입니다. 이 당연시가 감사를 방해합니다.

우리가 편리하게 이용하는 전등은 에디슨이 1879년 2만 오천 번의 실험 끝에 필라멘트를 발명함으로써 만들어졌습니다. 대부분의 상품들이 모두 돈으로 매겨져 있습니다. 그래서 시장 가격으로 매겨진 돈을 주고 즐기면 그만입니다. 우리는 너무 당연한 것으로 여기는 것이 문제입니다. 부모님의 사랑도 선생님의 가르침도 너무 당연하게 여깁니다. 우리의 이 당연시하는 마음은 뭔가 잘못되어 있지만 아무도 문제 제기를 하지 않습니다. 예를 들어 시장에 가서 생선을 사거나 농산물을 살 때에, 어부가 바다에서 겪는 고충이나 농부가 쌀 한 톨을 생산하기 위해 모두 88번의 공정을 거치면서 수고한다는 것에 대하여는 관심이 없습니다. 오직 비싸다고 투덜댑니다.

서해대교나 인천대교를 건널 때마다 시공자들의 고생과 수고를 과연 얼마나 많은 사람들이 기억하고 감사하겠습니까? 비행기에서 내리는 사람들이 조종사의 기술과 승무원들의 수고에 얼마나 감사하는지 의문스럽습니다. 그저 당연한 것입니까?

우리는 옷 한 벌을 사도 그것을 디자인하고 바느질한 사람들에게 감사를 느껴야 하지 않을까요? 우리는 빚진 자들입니다. 원시인들은 자기들이 직접 고기도 잡고, 옷감도 만들었으며 무엇이든지 생활에 필요한 것을 자급자족하였습니다. 얼마나 힘들었을까요?

창조주께 진 빚

2018년도 여름은 정말 잊히지 않는 혹서였습니다. 조금만 더 가뭄이 오래 지속되었어도 자연환경이 큰 피해를 입을 뻔했습니다. 해마다 모내기를 할 때면 영락없이 비가 내리고 추수 때에는 맑은 날씨로 도와주고 가을 단풍을 즐기도록 아름다운 환경과 좋은 날씨를 주시니 자연의 섭리에 감사하지 않을 수 없습니다. 인간은 모두 하느님이 섭리하시는 자연의 혜택을 받아가며 살아가고 있습니다.

햇빛은 무료로 골다공증에 좋은 비타민 D를 만들어 줍니다. 세상만물이 창조주가 내려 주시는 비와 햇빛으로 생명을 키워 갑니다. 특히 크리스천들은 하느님께 구원의 큰 빚을 지고 있습니다.

무자비한 종의 결말

한 채무자는 자신의 몸과 아내와 자식들은 물론 그 소유를 다 팔아도 갚기 어려운 빚을 졌습니다. 그런데 주인이 채무자를 불쌍히 여겨 1만 달란트[18]나 되는 총 부채를 탕감해 주었습니다. 그런데 그가 불과 1백 달란트를 갚지 못한 사람을 만나서는 그의 간절한 애걸에도 불구하고 감옥에 처넣었습니다. 후에 1만 달란트를 탕감해 준 주인이 이 사실을 알고 그를

---

18 당시 '1만 달란트'는 무한한 금액을 상징한다. 1달란트는 6,000데나리온이다. '1데나리온'은 노동자 하루 품삯이다. 달란트란 말은 그리스어인 talnaton에서 비롯되었다.

다시 불러 감옥에 영구히 가두었습니다.

- 성경 마태오 18장

우리는 내가 아는 것, 내가 가진 것, 내가 누리는 것에 대하여 당연시하는 버릇이 있습니다. 우리는 지금 현재를 살고 있는 것은 부모님과 이웃과 많은 스승과 사회의 직간접적인 도움을 받은 것은 것인데 이것을 당연하다고 생각합니다. 또한 모든 것을 섭리하시는 하느님의 도우심도 당연시합니다. 그러나 빚진 자의 태도는 이 당연시를 걷어내고 늘 감사하고 겸손하며 우리에게 작은 빚진 자에 대하여 늘 용서하고 관용하는 마음이어야 할 것입니다.

정직이
최선의 정책입니다

보다 나은 인간이 되기 위해 애쓰면서 사는 것보다도 더 훌륭한 삶은 없다. 그리고 실제로 보다 나아지고 있음을 느끼는 것보다도 더 큰 만족감은 없다.

- 소크라테스

무엇을 하든지 착하고 정직해야 합니다. 만일 한강에 정치인과 일반 시민이 동시에 빠졌다면 누구 먼저 구조해야 되는가 하는 질문의 정답은 정치인을 먼저 구조해야 된다는 것입니다. 이유는 간단합니다. 강물이 오염되기 전에 정치인을 빨리 꺼내야 되기 때문입니다. 물론 훌륭한 정치가는 예외입니다. 인생은 정직이 최선의 정책입니다. 부정직한 사람은 사회를 오염시킵니다.

거룩한 거짓말쟁이

옛날에 어떤 사람이 죽어서 천국에 갔더랍니다. 거지처럼 지내던 사람이나 보잘것없었던 사람들도 천국에 와 있는 것을 보고 깜짝 놀랐습니다. 그때에 수호천사가 그들은 정직하고 착하게 산 사람들이라고 귀띔해 주었습니다. 그런데 마땅히 있어야 할 사람이 보이지 않았습니다. 그리고 사람의 몸뚱이는 안 보이고 입만 둥둥 떠다니는 것을 보았습니다. 그래서 수호천사에게 물었습니다. "도대체 저 입은 왜 저 모양입니까?" 수호천사가 대답하였습니다. "아, 저 사람들은 살았을 때 입으로는 온갖 천사의 말을 하고 몸으로는 엉뚱한 죄를 진 사람들입니다. 입으로는 거룩하고 천사인 척 진리를 쏟아내면서 몸으로는 온갖 위선과 거짓과 탐욕 그리고 심지어 성추행 등 추잡한 행동을 한 사람들이라서 저렇게 입만 천국에 오게 되고 몸은 지옥으로 떨어졌습니다".

끝이 좋으면
다 좋아

끝이 좋으면 다 좋아(All's Well That Ends Well).

- 셰익스피어

　가을 들판의 황금빛 풍경을 바라다보는 것은 평화롭지만 태풍 '링링'이 할퀴고 지나간 논에 벼들이 엎친 것을 바라보는 것은 참으로 가슴 아픈 일입니다. 농부는 봄부터 모를 내고, 비료를 주며, 풀을 매주고, 이제 막 수확을 기대하고 있던 차에 마지막 단계에서 갑작스러운 불행을 만났으니 얼마나 마음 아픈 일입니까? 그동안 풍족하고 여유 있고 건강하게 살아온 사람이 갑자기 건강상의 문제로 힘든 노후를 보내는 것을 보는 것도 마음 아픈 일입니다.

　〈끝이 좋으면 다 좋다(All's Well That Ends Well)〉는 셰익스피어의 희곡 중 하나입니다. 그 내용은 이렇습니다. 유명 의사의 딸 헬렌은 왕의 허락을 얻어 사모하는 귀족인 버트램과 결혼식은 올렸지만 버트램은 헬렌이 신분이 낮다는 이유로 첫날밤도 치르지도 않고 다이애나라는 연인과 바람을 피웁니다. 그러나 헬렌은 실망하지 않고 버트램을 진정한 남편으로 만들기 위하여 버트램의 연인인 다이애나를 설득합니다. 마침내 헬렌은 다이애나 대신 버트램과 잠자리를 갖는 '잠자리 바꿔치기(bed-trick)' 수법으로 자기 뜻을 달성합니다.

과정은 힘들고 어려웠지만 헬렌은 지혜롭게 버트램을 진정한 자기 남편으로 만들었습니다. 헬렌의 입장에서 보면 과정은 이해하기 힘든 면이 없지 않지만 끝이 좋으니 모두 좋다는 뜻으로 이해됩니다. 끝이 좋아야 다 좋다는 말에는 전적으로 공감합니다. 역설적으로 끝이 나쁘면 모든 것이 나쁘다는 것으로도 해석되는 말이기도 합니다. 우리 인생도 마찬가지입니다.

인생은 칠십이든 구십이든 간에 살아오는 과정에서 온갖 화려함과 영예를 누릴 수 있지만 인생의 마지막 여정에서 질병이나 여러 가지로 불행을 맞이하는 경우가 있습니다. 그러므로 건강하고 행복한 부부 생활이나 여유 있고 흡족한 인생은 더없는 축복입니다. 늙어 감에 따라 마음이 우울하고 착잡해질 수도 있고 과거의 실수나 힘든 일로 인하여 노년을 실망과 절망으로 보내기 쉽습니다. 그러나 노년을 회개하고 참회하는 기회로 삼는 것은 중요합니다. 신(神)은 젊은 시절에 저지른 과오, 중년시대의 잘못된 삶에 대하여 노년기의 참회를 기다립니다.

인생의 성공 여부는 바로 자기 인생을 통합하는 의지에 달려 있습니다. 노년기에 접어들면 신체의 노화에서 오는 여러 가지 신체적 불편과 고통, 정신적으로 과거의 잘못을 만회할 수 없는 괴로움, 그리고 거인의 발걸음으로 성큼성큼 다가오는 죽음에 대한 공포감 속에서 시간을 보내게 됩니다. 이러한 상황 속에서 자칫 잘못하면 자기 인생을 비관하고 지금까지 열심히 살아온 인생을 허무(虛無)로 돌릴 수 있는 위기에 직면하게 됩니다.

그러므로 자기 온 인생을 영적으로 성숙시키는 통합 방향으로 나아가야 합니다. 노년은 인생의 완숙기(完熟期)입니다. 이루지 못해 아쉬운 것들 대한 자기능력의 한계를 솔직하게 인정하고 과감하게 접어야 합니다. 오히려 감사하는 태도로 삶의 방향을 전환하며 과거의 모든 것이 자기를 완성하는 과정이었다는 긍정적 해석과 함께 과거라는 모든 부정적 이력을 용광로에 녹여 버리고 '이만하면 됐다'라는 긍정적 신호를 보내야 합니다. 그래서 성공적인 인생 후반전을 사는 것입니다.

그리고 정신적으로 강건해지기 위하여 새롭고 미래지향적인 영혼의 비타민을 섭취해야 합니다. 예를 들면 아낌없이 주는 사랑, 절망과 이별하는 희망, 다이내믹하게 생동하는 환희, 수고하고 무거운 짐을 진 인생을 긍휼히 바라보는 측은지심, 나를 증오와 미움의 감옥에서 해방시키는 용서, 끝으로 누가 뭐래도 사후 세계에 대하여 흔들리지 않는 굳건한 믿음이 필요합니다. 이것이 바로 자기 인생을 긍정적으로 바꾸고 현명하고 우아하게 살아가는 데 필요한 영혼의 비타민입니다. 인생의 완숙을 위한 필수 영양제입니다.

자기통합이란 인생을 총정리하는 입장에서 실패든 성공이든 과거의 모든 사건 하나하나를 버리지 않고 이를 다 모아서 긍정적으로 통합하는 것인데 마치 살아온 자기의 인생 퍼즐을 완성하는 것과 비슷합니다. 모든 삶의 조각들을 모아 살아온 인생이라는 완성된 그림을 그리는 것과 같습니다.

결국 끝맺음을 잘해야 그동안 열심히 살아온 자기 생애를 아름답게 마칠 수 있는 것입니다. 〈끝이 좋으면 다 좋아〉라는 셰익스피어의 희곡처럼 일생의 끝맺음을 잘해야 합니다.

실패하고 부끄러운 과거가 있어도 이것을 버려서는 안 됩니다. 좋은 것, 싫은 것 실패한 것, 성공한 것, 자랑스러운 것, 수치스러운 것, 모두가 내 인생의 전체 그림을 완성하는 데 필요한 작은 퍼즐입니다. 작은 퍼즐로 내 인생의 전체 그림이 완성됩니다. 우리 모두 아름답게 인생을 매듭지어야 합니다. 이것이 바로 자기통합의 기술이고 자기 인생을 완성하는 예술입니다.

끝이 좋으면 다 좋습니다!

인생의 키워드
- 용서 · 사랑 · 감사

한 번밖에 없는 일생을 가장 성공적으로 그리고 가장 멋지고 후회 없이 살아가는 방법에 대하여 생각해 봅시다.

용서

그리스도인들에게 예수님께서 가르쳐 준 기도문에는 "우리가 남의 죄를 용서해 준 것같이 우리의 죄를 용서해 주십시오"라는 내용이 있습니다. 자기가 지은 죄를 용서받고 싶으면 먼저 자기에게 잘못한 이들을 용서해야 된다는 말씀입니다. 이 구절을 생각하면 그리스도인들은 남을 용서하지 않고서는 감히 하나님께 자기의 죄를 용서해 달라고 탄원(嘆願)할 수 없습니다.

'망각하다'라는 뜻의 forget은 용서한다는 뜻의 forgive와 관련이 있습니다. 용서란 상대의 잘못을 잊어버리는 것입니다. 결국 용서한다는 것은 모든 섭섭함이나 안 좋은 감정을 완전히 잊어버려야 가능한 것입니다. 용서는 마치 컴퓨터를 포맷하듯 상대의 잘못을 완전히 나의 기억 속에서 지워 버리는 것입니다. 남의 잘못을 완전히 잊어버리는 것이 진정으로 용서하는 것입니다. 용서는 상대를 위한 것이라기보다 자기 마음의 평화를 위한 것입니다. 증오심과 분노를 품고 있다면 이는 상대가 잘못되기를 바라면서 늘 독약을 조금씩 마시는 것과 같습니다. 톨스토이의 『부활』의 주인공 내플류도프는 성경에서 '용서함'의 진리를 깨닫고 그 영혼의 부활을 확신하였습니다.

사랑

그리스인들이 정리한 사랑은 네 가지가 있습니다. 첫째, 모든 사람에게 한 번쯤은 반드시 찾아오는 달콤하고 눈먼 이성적이고 육체적인 에로스 사랑입니다. 둘째, 부모와 자식 간 혈육의 스토르게 사랑입니다. 흔히들 피가 당긴다고 말합니다. 셋째, 친구들이나 인류를 사랑하는 것처럼 아주 광범위하고 막연한 인류애적인 필레아 사랑입니다. 마지막으로 가장 숭고한, 인간끼리의 사랑이 아닌 하느님의 무조건적이고 희생적이며 이해관계를 따지지 않는 아가페의 사랑입니다. 연인과 호숫가를 걷고 숲속을 산책하는 낭만적 사랑은 오래가지 않습니다. 사랑은 노동입니다. 사랑하는 사람을 위해 자기 몸을 쓰는 육체적, 정신적 수고를 견뎌내야 합니다. 그리고 사랑은 자기 주변에서부터 시작하는 것입니다. 자기 이웃을 사랑하지 않으면서 저 멀리 아프리카 사람을 돕는 것은 순서가 뒤바뀐 것입니다. '박애주의'라는 낭만적 사고에 사로잡혀서는 안 됩니다. 액션으로 사랑을 실천해야 합니다.

아무튼 사랑이란 이타적인 것과 이기적인 사상으로 구분할 수 있습니다. 정제(精製)된 순수한 사랑은 타인과의 단절이나 이기적이고 교만함을 버려야 합니다. 모든 존재의 원천은 사랑입니다. 존재하는 것마다 사랑의 에너지가 필요합니다. 인간은 사랑에 의해 태어나서 사랑으로 존재합니다. 사랑이 부족한 사랑결핍증은 자기가 이 광대한 우주에 홀로 존재하고 있다는 외로움, 비뚤어진 사회적 성격, 왜곡된 인간성을 만듭니다. 대부분의 사회 범죄도 이 사랑결핍증이 원인입니다. 또 사랑이 왜 중요합니까? 사랑은 지옥의 형벌에서 벗어날 수 있는 유일한 수단이기 때문입니다. 인간을 인간답게 만드는 것이 바로 사랑입니다.

사랑에는 실천적 사랑과 말로만 듣기 좋게 하는 공상적 사랑이 있습니다. 예를 들어 자기는 인류를 사랑하는 박애주의자라고 외치면서 실제로는 아무 행동도 하지 않는 이론적 사랑입니다. 이는 자기 자랑이며 자기 존재를 확장하려는 태도에 불과합니다. 구체적인 대상이 없이 불특정한 다수를 위해 봉사한다는 것은 공허한 표현입니다. 반면 진짜 사랑이란 추상적이고 공허함을 떠나 구체적이고 실천적입니다. 바로 나의 이웃을 위하여 내 팔다리를 움직이는 노동입니다.

선한 사마리아인의 사랑 실천

어떤 사마리아인이 예루살렘에서 여리고로 내려가다가 강도를 만나 폭행을 당해 옷이 벗겨지고 거의 죽게 되어 길가에 버려진 사람을 만났습니다. 제사장도, 레위인도 그를 피하여 그냥 지나갔습니다. 그러나 선한 사마리아인은 여행 중 그를 보고 불쌍히 여겨 가까이 가서 기름과 포도주를 그 상처에 붓고 싸매서 응급 처치를 한 다음 자기 말에 태워 주막으로 데리고 가서 돌보아 주었습니다. 그 이튿날 그는 주막 주인에게 이틀어치 품삯을 내어 주며 "이 사람을 돌보아 주세요. 비용이 더 들면 내가 돌아올 때에 갚겠습니다" 하고 돌아갔습니다.

이 사마리아인은 자기 일정을 다 포기하고 바로 자기가 만난 이웃을 향하여 헌신적인 사랑을 쏟았습니다.

인간은 자기의 자존심과 불편함을 감수하면서 희생하지만 결국 이 희생으로 자기가 완성됩니다. 인간의 내면에 있는 하느님의 성품이신 사랑의 속성을 표출함으로써 신과 일체가 되어 갑니다. 사랑은 우리 존재의 목적입니다. 존재하고자 하면 반드시 사랑해야 합니다. 사랑하지 않는 자는 존재하지 않는 것과 마찬가지라고 냉혹하게 말할 수 있습니다. 인간을 더욱 인간답게 만드는 것은 돈도, 권력도, 지식도, 아니고 오직 사랑입니다. 사랑의 농도가 가장 낮은 상태에 이르면 인간의 마음은 삭막해지고 이는 곧 살인이나 폭행으로 이어집니다.

\<사랑에 대한 성경의 정의\>

사랑이 없으면 소리 나는 구리와 울리는 꽹과리가 되고 내가 예언하는 능력이 있어 모든 비밀과 모든 지식을 알고 또 산을 옮길 만한 모든 믿음이 있을지라도 사랑이 없으면 내가 아무것도 아니다.

내가 내게 있는 모든 것으로 구제하고 또 내 몸을 불사르게 내줄지라도 사랑이 없으면 내게 아무 유익이 없다. 사랑은 오래 참고 사랑은 온유하며 시기하지 아니하며 사랑은 자랑하지 아니하며 교만하지 아니하며 무례히 행하지 아니하며 자기의 유익을 구하지 아니하며 성내지 아니하며 악한 것을 생각하지 아니하며 불의를 기뻐하지 아니하며 진리와 함께 기뻐하고 모든 것을 참으며 모든 것을 믿으며 모든 것을 바라며 모든 것을 견딘다.

그런즉 믿음, 소망, 사랑, 이 세 가지는 항상 있을 것인데 그중의 제일은 사랑이다.

- 성경 고린도전서 13장

감사

인류의 최초 인간들은 먹고, 입고, 자신들을 보호하기 위하여 많은 수고를 해야만 했을 것입니다. 고기가 먹고 싶으면 동물을 사냥해서 그 고기를 손질해야 비로소 먹을 수 있었을 것이고 추워서 옷이 필요하면 직접 옷을 만들기 위하여 옷을 만드는 기구를 만들어야 했을 것이며 또 맹수들로부터 몸을 보호하기 위하여 거처를 마련했을 것입니다. 또한 배고플 때 빵을 만들기 위하여 밀을 심어 추수해서 빵을 만들기 위해 조리에 여러 번 시행착오의 과정을 거치면서 비로소 맛있는 빵을 완성했을 것입니다. 그러나 오늘날 우리는 이러한 수고를 할 필요가 전혀 없습니다. 모두가 인간들의 전승(傳承) 능력과 공동체 사회의 덕택입니다. 그러나 대부분의 사람들은 이에 대하여 감사할 줄 모릅니다. 마땅한 것으로 여길 뿐입니다.

감사는 작은 일에서부터 시작합니다. 마치 행복을 작은 일에서부터 느끼듯이 말입니다. 우리 몸에서 분비되는 엔도르핀은 암을 치료하고 통증을 해소하는 효과가 있다는 것은 오래전부터 잘 알려진 사실입니다. 이 엔도르핀은 기쁘고 즐거울 때 분비됩니다. 그러나 최근에 밝혀진 다이돌핀이라는 호르몬은 엔도르핀의 4,000배 효과가 있다고 합니다. 이 다이돌핀은 우리가 감사할 때, 그리고 큰 감동을 받을 때 생성됩니다. 우리 몸의 면역체계에 강력한 항암 효과를 나타내는 뇌하수체 다이돌핀의 생성을 원한다면 늘 감사하며 감동적인 삶을 살아야 합니다. 이것이 감사가 우리 몸에 주는 효과입니다. 상업 방송의 건강 보조 식품이나 보양식보다 마음의 태도가 건강에 더 큰 영향을 미칩니다. 마음이 건강을 좌우합니다. 처음 만나는 사람에게 감사를 표하면 사회적 관계가 형성되고 개인 간의 따뜻한 마음이 전달되어 친화적 관계로 변화합니다.

감사하다는 표현만큼 상대의 마음을 기쁘게 하는 말도 없습니다. 감사를 받은 사람은 또 무언가 베풀고 싶어 합니다. 예수께서는 문둥병 치료를 받은 사마리아인의 '감사' 한마디에 구원이라는 귀중한 선물을 주셨습니다. 최상의 감사는 자신의 존재 자체에 대하여 감사하는 것입니다. 자기 생명을 사랑하고 자신의 생명 자체에 대하여 감사하는 것입니다.

<사마리아인의 감사>

예수께서 예루살렘으로 가실 때에 사마리아와 갈릴리 사이로 지나가시다가 한 마을에 들어가시니 나병 환자 열 명이 예수를 만나 멀리 서서 소리를 높여 이르되 "예수 선생님이여 우리를 불쌍히 여겨주소서" 하거늘 보시고 이르시되 가서 제사장들에게 너희 몸을 보이라 하셨더니 그들이 가다가 깨끗함을 받은지라. 그중의 한 사람이 자기가 나은 것을 보고 큰 소리로 하나님께 영광을 돌리며 돌아와 예수의 발아래에 엎드리어 감사하니 그는 사마리아 사람이라. 예수께서 대답하여 이르시되 열 사람이 다 깨끗함을 받지 아니하였느냐 그 아홉은 어디 있느냐. 이 이방인 외에는 하나님께 영광을 돌리러 돌아온 자가 없느냐 하시고 그에게 이르시되 "일어나 가라 네 믿음이 너를 구원하였느니라" 하시더라.

- 성경 누가복음 17장

제4장

영적 행복

그가 비록 천 년의 갑절을 산다 할지라도 행복을 보지
못하면 마침내 다 한곳으로 돌아가는 것뿐이 아니냐?

- 성경 전도서 6장

주요 종교의
사생관

기독교인의 사생관

기독교(천주교와 개신교)는 사후 세계를 천국과 지옥으로 구분합니다. 다만 천주교는 천국, 지옥, 연옥으로 구분하는데 연옥이란 천국에 속한 곳이며 구원받은 사람들이 지상에서 미처 회개하지 못한 잠벌(연옥에서 잠시 받는 벌)을 용서받는 일종의 정화소(淨化所)입니다. 거룩하신 하느님 앞에 나아가기 전, 죄를 완전히 깨끗이 하는 천국 대기소와 같습니다. 한편 개신교의 사후 세계는 천국과 지옥으로만 구분되며 연옥이란 말은 없습니다. 예수를 믿고 죄 사함을 받은 자는 죽으면 천사가 곧바로 천국으로 인도한다고 믿습니다.

불교의 사생관

불교에서는 인간의 죽음을 생·로·병(生·老·病)과 함께 인간이 겪는 네 가지 고통 중의 마지막 단계로 인식하며 육신의 사망으로 삶이 끝나는 것이 아니라 생전에 지은 행위에 따라 육신이 죽어서도 그 혼(魂)이 육도(六道)라는 윤회(輪回)의 굴레 속에 들어가게 됩니다. 육도 세계에는 ① 천상의 세계, ② 인간 세계, ③ 아수라 세계, ④ 굶주린 귀신 세계, ⑤ 짐승 세계, ⑥ 지옥 세계가 있습니다. 현세에서 계속적으로 악한 업을 짓는 한 고통스러운 반복의 쳇바퀴를 빠져나오지 못합니다. 오직 해탈(解脫)을 통해서만 이러한 윤회의 고통에서 벗어날 수 있습니다.

유교의 사생관

대체로 일반 유교 신봉자들은 인간 영혼의 존재를 부인하지만 제사를 지낼 때 죽은 영혼이 찾아와 식사를 할 수 있다고는 믿고 있습니다. 그러나 유교는 죽은 자의 영혼이 어디로 향하는지, 어디에 사는지에 대하여 막연합니다. 이들이 제사를 고집하는 것을 보면 인간에게 영원 불멸의 영혼이 있다는 것만은 인정하고 있는 것 같습니다. 그러나 유교는 종교로 인정하기 어려운 측면이 있습니다. 유교는 인간의 윤리적 측면을 강조하고 있고 우리나라 문화 속에 자연스럽게 녹아들어 있어 그 사상의 뿌리가 매우 깊습니다.

제사 문제 때문에 한국 사회에서 얼마나 많은 가정들이 갈등을 겪고 있는지 모릅니다. 유교식이든 불교식이든 아니면 기독교식이든 간에 표현 방법에만 차이가 있을 뿐 그 목적은 같습니다. 그러므로 이로 인하여 어느 한 가지만이 옳다고 고집하는 것은 근시안적입니다. 인간이 정해 놓은 제도의 틀에서 벗어나야 합니다.

과거의 우리 전통 장례 의식 가운데 이른바 고복의식(皐復儀式)이라는, 죽은 자의 혼을 부르는 초혼(招魂) 행위가 있었습니다. 요즈음은 거의 사라졌지만 이것도 역시 유교에서 나온 의식으로 판단됩니다. 임종 직후 관계인이 지붕에 올라가 죽은 혼을 다시 불러들이기 위하여 북쪽을 향하여 사자(死者)의 이름을 크게 세 번 외칩니다. 이는 죽은 자에 대한 간절한 사랑을 표현하는 애틋한 마음을 보여 줍니다.

그리고 장례식 날 사잣밥 상을 차려 놓습니다. 그리고 상을 차리는 사람은 막연한 공포심과 두려움을 가지고 매일매일 상을 차립니다. 제 아내는 어렸을 적 두려워하는 장모님을 대신하여 음식을 차린 것을 회상합니다. 이 상에는 음식과 술, 얼마간의 돈 등을 올려놓고 짚신도 가지런히 놓습니다. 이것은 저승사자에 대한 최대의 예우로 일종의 뇌물을 바치는 것입니다. 그리고 상(床)에는 간장도 놓는데 이는 저승사자가 간장을 마시고 갈증이 나서 죽은 자를 이승에 다시 데리고 돌아올지도 모른다는 아주 천진난만한 발상에서 나온 것입니다. 어떻게 해서라도 망자(亡子)를 다시 살려내 이 세상에서 함께 더 지내고 싶어 하는 눈물겨운 장면입니다.[19]

---

19 엘리자베스 퀴블러-로스 지음, 최준식 옮김, 『사후생』, 대화문화아카데미, 2009.

<겨우 땅 한 평을 차지한 소작인>[20]

폴란드의 한 귀족이 유태인 소작인에게 땅에 경계를 표시하고 일몰 전까지 돌아오면 땅을 거저 주겠다고 약속했습니다. 그 유태인은 벅찬 희망으로 새벽부터 시냇물을 건너고 숲을 지나 귀족의 광활한 영지를 뛰다시피 하였습니다. 태양이 중천에 떠올라서 돌아갈 시점인데도 계속 전진했습니다. 해가 언덕 아래로 가라앉을 무렵에야 되돌아가기 시작했습니다. 그는 가쁜 숨을 몰아 쉬어가며 필사적으로 돌아왔지만 결국 귀족의 발 앞에서 숨을 거두었습니다. 귀족은 의미 있는 미소를 짓고 그를 장사지냈습니다. 그는 한 평도 안 되는 땅에 묻혔습니다.

---

20 마빈 토케이어 지음, 백우암 옮김, 『몸을 굽히면 진리를 줍는다』, 동천사, p.141.

당신은 천하(天下)보다
귀한 존재입니다

사람이 온 세상을 얻는다 해도 제 목숨을 잃는다면 무슨 이익이 있겠느냐?

- 성경 마르코복음 8장

인간은 천하보다 귀한 존재입니다. 그런데 인간 스스로가 '우리는 귀한 존재'라고 말하는 것으로는 불충분합니다. 예를 들어 학생들끼리 서로 자기가 옳다고 다툴 경우 해결이 안 납니다. 제삼자인 선생님이 객관적 기준으로 판단해야 합니다. 서로 자기가 옳다고 주장하고 싸움이 붙으면 제3자인 법원에서 공정하게 잘잘못을 판단하는 것과 같은 이치입니다. 그러므로 인간 스스로 자기들이 중요한 존재라고 주장한들 이는 완전한 것이 못됩니다.

인간이 스스로 존귀하다고 주장하는 이유는 인간은 다른 동물들과 달리 언어와 문자를 가지고 있으며 이를 이용하여 문화와 기술, 제도 등을 후대에게 계승(繼承)할 수 있는 능력, 그리고 감정을 통제하고 사유(思惟)할 수 있는 이성(理性)을 가진 정신적 존재이기 때문입니다. 동물들은 아무리 진화했다 하더라도 수천 년 전의 방법대로 사냥하고 생활하지만 인간은 훌륭한 건축 기술을 발전시키고 냉장고를 만들어 음식물을 저장할 줄 압니다. 또한 세계 약 70억 인구가 살고 있지만 우리 각각은 유일한 지문과 개성을 가진 독특한 존재입니다. 그러나 이런 주장만으로는 아직 부족합니다.

인간의 가치와 존엄의 근거를 말하자면, 인간을 만드신 창조주의 판단과 인정이 가장 신뢰할 만합니다. 성경은 하느님이 인간을 만드실 때 그분의 형상대로 만드셨다고 합니다. 그래서 인간을 하느님의 모상(模像) 또는 형상(形象)이라고 합니다. 세상의 물건도 만든 사람이 가장 잘 압니다. 바로 인간이 가치 있는 이유는 하나님이 직접 코에 생기를 불어넣으신 하나님의 모상이기 때문입니다. 신의 성품이 인간의 영혼에 하늘거리고 있다는 것입니다.

2011년 1월에 타계하신 박완서 시인은 「하루의 기적」이라는 시에서 우리의 양쪽 눈을 이식하는 데 2억 원, 심장을 교체하는 데 5천만 원, 신장을 바꾸는 데 3천만 원, 간(肝) 이식하는 데 7천만 원이라고 하면서 건강하게 걸어 다니는 사람은 약 51억이 더 되는 재산을 지니고 다닌다고 하였습니다. 그리고 눈, 코, 입을 가지고 자가 호흡하는 사람은 하루에 860만 원을 벌고 있다고 썼습니다. 이는 감사하며 살라는 충고입니다.

나치가 일어나기 전 독일에서는 인간을 물건으로 생각하는 것이 보편화되었는데 인간의 몸으로 비누 7장, 못 1개, 성냥개비 2천 개를 만들 수 있다는 한심한 이론이었습니다. 실제로 나치는 유대인

을 강제수용소에 가두고 대량으로 그들을 학살한 다음, 시체로 비누나 성냥을 만들었습니다.[21]

사람이 목숨을 무엇과 바꿀 수 있겠느냐?

- 성경 마르코 8장

하느님께서는 인간을 만드실 때 하느님의 형상(image)대로 만드셨습니다. 그리고 예수께서는 인간의 몸은 세상 전체와도 바꿀 수 없는 귀한 존재라고 말씀하셨습니다. 즉, 인간은 물질로 헤아릴 수 없는 하느님의 속성(屬性)을 지니고 있다는 것입니다.

Then God said, "Let us make man in our image, in our likeness".

- NIV.1

그래서 만일 하느님 보시기에 인간에게 귀한 점이 있다면 바로 그가 하느님을 닮았다는 것입니다. 하느님은 사랑이신데 이 하느님의 사랑의 파편이 자연과 인간 사회 도처에 흩어져 있습니다. 예를 들어 하느님의 사랑을 닮은 모성애를 주셨고, 불완전하지만 인간들은 정의, 평화, 사랑의 마음을 가졌습니다. 어떤 피조물에게도 인간에게처럼 하느님께서 직접 코에 생기를 불어넣으셨다는 말씀이 없

---

21 마빈 토케이어 지음, 백우암 옮김, 『몸을 굽히면 진리를 줍는다』, 동천사, 1990.

습니다. 그냥 흙으로 빚었습니다. 게다가 인간에게는 그 마음 한복판에 영원(永遠)을 사모하는 칩을 심어 놓으셔서 유한한 인생이지만 항상 영원을 생각하고 영생을 그리워하도록 만들었습니다. 영원한 그곳을 고향으로 생각하고 이 세상을 타향으로 생각하도록 만들었습니다. 그래서 항상 사람이 죽으면 '돌아가셨다'고 말합니다.

> 하느님이 모든 것을 지으시되 때를 따라 아름답게 하셨고 또 사람들에게는 영원을 사모하는 마음을 주셨느니라.
>
> - 성경 전도서 3장

미국의 독립 선언문은 모든 사람은 천부적(天賦的)으로 자유롭고 평등하며 행복을 추구할 수 있는 당연한 권리를 가지고 있다고 했습니다. 이는 인간을 하느님의 모상(模像)이라고 인식하였던 홉스나 로크와 같은 18세기 계몽 사상가들의 영향 때문이었습니다. 인간은 하느님의 모상이며 하느님의 사랑의 대상이기 때문에 가치 있고 유의미한 존재인 것입니다. 만일 당신이 사랑하는 사람을 누군가가 해친다면 당신은 가만히 있겠습니까? 자식도, 아내도, 이웃도 모두 하느님의 작품이고 하느님이 사랑하시는 사람들입니다. 그러므로 사람에게 잘못하고 무시하는 것이 곧 하느님을 괄시(恝視)하는 가장 큰 죄악이 됩니다.

죽음은 사후 세계의
시작입니다

선한 일을 행한 자는 생명의 부활로, 악한 일을 행한 자는 심판의 부활
로 나오리라.

- 성경 요한복음 5장

초대 대주교였던 아우구스틴(354~430)은 "모든 것은 불확실하다.
오직, 죽음만이 확실하다. 세상에 불로초란 없다"라고 하였습니다.
인간으로 태어나 죽음을 두려워하거나 무서워하지 않는 사람은 거
의 없을 것입니다. 죽음이 주는 불안을 보자면, 우선 그동안 성실
하게 쌓아 놓은 모든 인적관계와 물적 관계가 순간에 무(無)로 사
라지고 '나'라는 아이덴티티가 영원히 소멸된다는 것에 대한 두려
움이 클 것입니다.

그래서 사후 세계에 대하여 궁금하고 불안할 수밖에 없습니다.
사후 세계에 대한 정보도 부족합니다. 죽었다가 다시 돌아와 속
시원하게 말해 주는 사람이 한 사람도 없기 때문입니다. 그리고 살
면서 천당이니 지옥이니 하는 말을 부지불식간에 수없이 들어 왔

기 때문에 비록 종교인이 아닐지라도 혹시 재수 없이 지옥에 떨어지면 어쩌나 하는 불안감이 늘 붙어 다닐 것입니다.

대개 사람들은 죽음은 너무나 큰 혐오의 대상이기 때문에 다른 사람의 죽음에 대해서 나와는 거의 상관없는 것처럼 여깁니다. 자기에게도 닥칠 것이 분명하다는 것을 이성적으로는 알면서도 감정적으로는 자기 생명이 허무로 끝난다는 것은 도저히 받아들일 수 없을 것입니다. 그러나 나이가 점점 많아짐에 따라 공동묘지도 친숙하게 느껴지고 죽음을 자연 현상으로 받아들이게 됩니다. 젊어서는 당면 과제가 너무 중하고 긴급해서 죽음은 자신과는 별 상관이 없는 일쯤으로 제쳐 버립니다. 그러나 우리가 죽음을 피한다고 해도 죽음은 우리를 잊지 않고 반드시 찾아옵니다.

대체로 인간들은 언제 죽을지, 어디서 죽을지, 그리고 어떻게 죽을지 모릅니다. 어떤 노인은 하루에 수십 번씩 아파트 주변을 맴돕니다. 그의 간절한 소망은 누군가에게 자기 대소변을 신세지지 않고 세상을 떠나기 위해서라고 말했습니다. 그러나 죽음이 필연이라면 최소한의 준비를 해야 하지 않을까요? 예를 들면, 유언서를 쓰거나 사전의료의향서 작성으로 심폐소생술시행, 항암제투여, 인공호흡기 부착, 투석 행위 등을 하지 말라는 뜻을 사전에 밝힐 필요가 있습니다. 건강관리공단에서는 간단한 상담 후에 사전연명의료의향서 등록증을 발급합니다. 죽음에 의해 갑자기 습격당하지 않고 죽음을 평화스럽게 맞이하도록 도와줍니다. 또 사전 장례의향서를 작성하여 자신의 장례를 원하는 대로 후손에게 요청할 수 있습니다. 이러한 혜택은 옛날 어르신들은 누려 보지 못한 뜻밖의 행복입니다.

죽음을 끝까지 왕따시킬 수 있을까요?

죽음을 피하기 위하여 눈물겹게 노력하는 사람들이 많습니다. 그런가 하면 전혀 동요하지 않고 열심히 일하다가 죽음을 맞이하는 사람들도 많습니다. 우리가 잘 아는 TV 스타 김 모 씨는 죽음이 임박해 오는 것을 알면서도 죽는 날까지 하던 일에 최선을 다하다가 세상을 떠났습니다. 이분은 정말 죽음을 잘 준비한 사람으로 여겨집니다. 당황하거나 허둥대지 않고 차분하게 자기가 사랑하는 드라마에 열정을 쏟았습니다.

그런데 대부분의 사람은 어떠한가요? 죽음과는 절대 통성명도 하지 않습니다. 절대 만나서도 안 된다는 듯 죽음과 높이 담을 쌓고 가면(假面) 상태로 지냅니다. '전분세락(轉糞世樂)', '개똥밭에 굴러도 이 세상이 더 즐겁다', '거꾸로 매달아도 살아 있는 세상이 좋다'고 하면서 세상이라는 썩은 동아줄을 붙잡고 있다가 어느 날 갑자기 죽음으로부터 습격을 당합니다. 죽음을 자기와는 전혀 상관없는 타인으로 무시하며 살다가 갑자기 청천하늘에 벼락이 떨어지듯 죽음의 습격을 당하고 맙니다. 안타깝지만 이것이 인간의 운명입니다. 다음은 묘향산에서 인생의 마지막을 보냈던 서산대사의 「인생」이란 시의 일부입니다.

> 삶이란 한 조각구름이 일어남이요
> 죽음이란 한 조각구름이 스러짐이로다
> 구름은 본시 실체가 없는 것
> 죽고 살고, 오고 감이 모두 이와 같으니라

고려 말 충선왕 때 우탁(1262~1342) 선비가 80세가 되던 해, 벼슬을 뿌리치고 낙향하였습니다. 그는 어느 날 지는 노을을 바라보며 쓸쓸하게 자기 집 마루에 앉아서 다음과 같은 시조를 읊었다고 합니다.

> 한 손에 가시 들고, 다른 손에는 막대 들고
> 늙는 길 가시로 막고, 오는 백발 막대로 치려 했는데
> 백발이 제 먼저 알고 지름길로 오는구나

죽음은 인간의 운명입니다

어느 날 공자와 그 제자 일행이 길을 가고 있었는데 슬픈 상여 행렬이 지나가고 있었습니다. 과부가 유일하게 의지하던 아들이 죽은 것이었습니다. 그 과부는 공자를 보자마자 애절하게 매달렸

습니다. "제 아들 좀 살려 주세요". 그때 공자는 너무 안쓰러워서 그의 제자들에게 마을에 내려가서 한 번도 초상을 치르지 않은 집의 쌀을 한 줌씩 모아서 밥을 차리면 된다고 말했고, 제자들은 즉시 쌀을 구하러 마을로 내려갔습니다. 그러나 잠시 후 그들은 그런 집을 찾아낼 수 없다고 스승인 공자에게 보고하였습니다. 그 말을 들은 공자가 그 과부에게 "이것은 운명입니다"라고 말했습니다.

예수 그리스도보다 400여 년 전에 살았던 플라톤(B.C. 428~348)의 이데아 이론에 따르면, 현실 세계는 원형인 이데아 세계의 사본에 불과하다고 합니다. 진정한 천상의 세계는 따로 있고 현실 세계는 천상의 세계와 닮았다는 것입니다.

사도 바울은 "만일 땅에 있는 우리의 장막 집이 무너지면 하느님께서 지으신 집, 곧 손으로 지은 것이 아니요, 하늘에 있는 영원한 집이 우리에게 있는 줄 아느니라"라고 하였습니다. 육신의 죽음을 부정하는 사람은 하나도 없으나 사후 세계에 대하여는 의견이 다양합니다. 그 사후 세계가 구체적으로 어떨지는 아무도 모릅니다. 인간은 신(神)의 암호(비밀번호)입니다. 인간은 하느님만이 해석할 수 있는 유일한 존재입니다. 이 숨겨진 비밀을 다 아는 것처럼 떠벌리는 것은 문제가 있습니다. 또 지나친 호기심으로 파헤쳐 보려고 하지만 이것도 부질없는 행위입니다. 다만 사후 세계가 있다는 사실만은 부정할 수 없는 것입니다. 또 그 사후 세계를 하느님이 통치하신다는 것 또한 분명한 사실입니다.

로마의 저술가 겸 철학자 키케로(B.C. 106~143)는 "지혜로운 사람에게는 삶 전체가 죽음에 대한 준비이다"라고 말했습니다. 현세의 삶에서 죽음을 바라보는 것은 별로 감동이 없습니다. 그러나 죽음의 시점에 서서 현재의 나를 바라본다면 현재의 삶이 획기적으로 변화될 것입니다. 예를 들면 소위 웰다잉 교육 기관에서 실시하는 장례 체험이라든지 유서 쓰기 등의 이벤트입니다. 지난 11월 12일 선종하신 행복 전도사 차동엽 신부님은 세 유언을 전하고 세상을 떠났습니다. '첫째, 늘 희망을 가지고 살아라. 둘째, 서로 용서하며 살아가자. 셋째로는 모든 것을 하느님께 다 맡겨라'였습니다.[22] 현재에서 죽음을 바라보면 아직 불확실하며 시간적 여유가 있는 것처럼 느껴집니다. 그러나 죽음의 시점에서 현재를 바라보면 절박감을 느끼며 감사와 겸손으로 살아가게 될 것입니다. 그래서 많은 웰다잉 기관이 영정 사진 촬영이나 장례식 체험과 같은 이벤트를 실시합니다. 이것은 자기 자신의 죽음을 미리 맛보는 것입니다. 이것을 체험한 사람들은 삶에 대한 새로운 비전을 갖고 더욱 사랑하면서 살아갈 것입니다. 인간들은 죽지 않으려고 홈쇼핑에 나오는 온갖 보약에, 건강 보조 식품으로 안간힘을 쓰고 발버둥치지만 때가 되면 죽음과 반드시 맞닥뜨리게 되어 있습니다.

이 덧없는 인생에 당신의 모든 것을 걸고 싶습니까? 인생은 천년만년 살 것 같지만 이렇게 덧없습니다. 죽음은 누구에게나 공평하게 찾아옵니다. 문제는 이 불청객을 평안으로 맞이하는가 아니면 공포

---

22 전은지, "차동엽 신부, 마지막까지 '희망 안에 사세요'",,《CPBC 뉴스》, 2019.11.13.

와 두려움으로 맞이하는가입니다. 죽음을 준비하고 삶과 죽음을 이해하고 준비한 신앙인들은 오히려 죽음을 고대하기도 합니다. 성경의 인물 가운데 죽음을 초월한 사도 바울을 꼽을 수 있습니다.

바울은 "차라리 세상을 떠나서 그리스도와 함께 있는 것이 훨씬 더 좋은 일이라 그렇게 하고 싶으나 내가 육신으로 있는 것이 너희를 위하여 더 유익하리라"라고 말했습니다. 사도 바울은 차라리 이 세상을 떠나서 그리스도와 함께 살고 싶다고 털어놓았습니다. 그는 셋째 하늘에 올라가서 그리스도와 함께 살고 싶어 했습니다. 세상에 대한 미련이 전혀 없었습니다. 그는 다음 세상을 미리 맛보았습니다. 그리스도를 믿는 사람들은 그리스도의 약속을 믿고 다음 세상에 대하여 확신하며 살아갑니다.

메멘토 모리(memento mori), 죽음을 기억하라

로마 시대, 위풍당당하고 기세등등한 개선(凱旋)장군 환영 마차 행렬에 개선장군의 노예가 동승했습니다. 그리고 이 노예는 승리감에 빠져 우쭐대는 개선장군의 귀에 "메멘토 모리(당신도 반드시 죽는다는 사실을 기억하시오)"라는 말을 속삭여 주었습니다. 이 말은 라틴어입니다. 전시(戰時)의 장군의 목숨이란 정말 장담할 수 없기 때문에 겸손하고 늘 죽음에 각성하라는 로마인들의 아주 훌륭한 의식이었습니다.

나 어제 너와 같았으나, 너 내일 나와 같을 것이다

터키의 파묵칼레(木花城)라는 온천 지역에는 과거 3~6세기경에 거대한 공동묘지가 조성되었던 곳이 있습니다. 옛날에 이곳 온천으로 병을 치료하러 왔다가 사망하면 이곳에 장사지냈다고 전해져 옵니다. 이곳에 있는 과거의 공동묘지의 한 석관(石棺)에 이런 말이 써 있다고 합니다.

"나 어제 너와 같았으나, 너 내일 나와 같을 것이다."

우리는 매일매일 조금씩, 조금씩 작은 안녕을 고하면서 살아갑니다.

사후 세계가 정말 있을까요?

한 번 죽는 것은 사람에게 정해진 것이요 그 후에는 심판이 있으리니

- 성경 히브리서 9장

당신은 혹시 자신이 어두운 숲속에서 길을 잃었다고 생각하지는 않습니까? 표범과 같은 욕망, 사자와 같은 세속적 권력, 그리고 늑대와 같은 이기심과 사악한 마음으로 길을 잃지는 않았습니까? 지금 달려가고 있는 인생길이 정말 최선, 최상의 길이라고 확신하십니까?

우선 사후 세계를 인정하는 철학자들의 말을 들어 보겠습니다.

소크라테스와 플라톤은, 착한 사람의 영혼은 육체로부터 벗어나 완전한 행복을 얻기 위한 새로운 차원의 실재의 평지로 옮겨 간다고 말했습니다.

괴테는, 죽음이란 지평선 저 너머에 빛이 비치듯이 우리의 생명은 죽은 뒤에도 계속 존재한다고 말했습니다.

프랑스의 파스칼(1623~1662)은, 사후 생명을 믿는 것을 도박에 비유하였습니다. 만일 누가 사후 생명의 존재를 믿었는데 실제 존재하지 않더라도 괜찮다고 했습니다. 바르게 살았기 때문에 특별히 손해 볼 것은 없다는 것입니다. 그러나 사후 생명이 존재함에도 이를 믿지 않았기 때문에 천국에 갈 기회를 놓친다면 회복할 수 없이 영원히 모든 것을 잃게 될 것이라고 말했습니다. 그러면서 내세의 희망을 지니지 못한 사람은 이미 죽은 것과 같다고 말했습니다.

최근에는 사후 세계에 대한 많은 연구와 증언들이 쌓여 있습니다. 미국의 호스피스 전문의며, 『사후생』의 저자 엘리자베스 퀴블러-로스는 2만 가지 사례를 모아 분석했습니다. 책에서 그는 죽음이란, '한 집에서 더 아름다운 집으로 옮겨 가는 것'이라고 정의하였습니다. 그러면서 "깊은 혼수상태에 빠진 부모님은 주위에서 하는 말을 다 알아들을 수 있습니다. 이때에라도 '잘못했습니다!', '사랑합니다' 등의 말로 깊이 속죄해야 합니다. 육체는 '영원불멸의 영혼을 둘러싼 껍질'에 불과합니다"라고 했습니다.[23]

> 내가 곧 길이요 진리요 생명이니 나로 말미암지 않고는 아버지께로 올
> 자가 없느니라
>
> - 성경 요한복음 14장 6절

인간은 영적 동물입니다. 인간이 죽을 때 대부분이 자기는 어디

---

23 엘리자베스 퀴블러-로스 지음, 최준식 옮김, 『사후생』, 대화문화아카데미, 2009.

로 가느냐고 질문한다고 합니다. 인간이라면 거의 모두가 사후 세계에 대한 궁금증과 불안감을 가지고 있습니다. 동물과 천사는 이러한 죽음에 대한 불안이 조금도 없습니다. 영혼을 가진 인간만 죽음에 대한 불안감을 가지고 삽니다.

우리 장막 집이
무너지면

만일 땅에 있는 우리의 장막 집이 무너지면 하느님께서 지으신 집, 곧 손

으로 지은 것이 아니요, 하늘에 있는 영원한 집이 우리에게 있는 줄 안다

- 성경 고린도후서 5장

　인간은 영혼과 육체로 구성되어 있습니다. 보통 영혼과 육체로 구성되었다는 2분설과 영, 혼, 육의 구성이라는 3분설이 있습니다. 문제는 어떻게 시간 속에 존재하는 물질적인 육체와 정신적인 영혼이 하나가 될 수 있는가입니다. 어떻게 한계 속에 존재하는 육신이 영원히 존재하는 영혼과 하나가 된 것인지 우리의 지혜로는 도무지 알 수 없습니다. 물질과 비물질의 조화가 정말 신비롭지 않습니까? 마치 풀잎과 쇠붙이가 하나로 된 느낌입니다. 아무튼 이 육신이라는 장막이 무너지면 영혼은 자기가 머무르던 육체를 홀연히 떠나 자기 본향으로 돌아갑니다.

　인간을 말할 때 영혼과 육체를 따로따로 분리해서 말할 수는 없습니다. 영혼은 우리 육체에 영향을 줄 수 있습니다. 예를 들면 명상을 통하여 육체를 지배할 수 있고 생각을 통해서 육체를 움직일 수 있습니다. 반면, 육체도 영혼에 영향을 미칠 수 있습니다. 가령 호르몬 분비로 성격 형성이나 정신 활동에 영향을 줍니다. 영과 육은 상호 의존적 관계를 유지합니다. 사는 동안 영혼과 육체가 일체를 이루기 때문에 명확하게 그 존재를 나누어 말하기는 어렵지만 그렇다고 육체에 영혼이 존재하는 것을 부정할 수 없습니다. 그리고 이 영혼과 육체가 '나'라는 사람으로 대표됩니다. 한 번 태어난 인간의 정체성은 영원히 소멸되지 않습니다. 인간이란 마음(영혼)과 육체의 종합이면서 동시에 시간적인 것(육체)과 영원적인 것(영혼)과의 종합이기 때문입니다.

그리고 이 '나'는 세상에 사는 동안의 모든 행위에 대하여 책임을 집니다. '나'의 잘못을 영혼이 육신에게 발뺌할 수도 없고 육신이 영혼에게 책임을 전가할 수도 없습니다. 세상에 존재하는 동안 '나'라는 존재로서 영예와 책임을 감당해야 합니다. 죄를 져도 '내'가 책임을 져야 하고 행복도 '내'가 누리는 것입니다. 행복을 영혼과 육체를 분리해서 말할 수는 없을 것입니다. '나'라는 주체를 또한 몸이라고도 말합니다.

사람이 죽는다고 하는 것은 먼저 생물학적 죽음을 말하고 그다음은 영적 죽음을 말합니다. 즉, 그리스도 안에서의 죽음과 그리스도 밖에서 죽는 죽음으로 나누어집니다. 영적 행복은 이 세상에서의 행복을 다음 세상으로 연결해 주는 연결고리입니다. 그러므로 인간들이 추구하는 행복도 이 세상에서의 행복과 이와 연속성이 있는 사후생(영적 소망)에 대한 희망이 있어야 완전한 행복감을 가질 수 있습니다. 그래서 인간의 행복은 ① 육신적 만족과 ② 육신적 기쁨 그리고 ③ 영적 희망(死後生)의 세 가지라고 말하는 것입니다.

근사체험자(近死體驗者)들의 이야기

근사체험이란 임종에 가까웠을 때 혹은 일시적으로 뇌와 심장 기능이 정지하여 생물학적으로 사망한 상태에서 사후 세계를 경험하는 현상을 일컫는 용어이다.

- 두산백과

다음의 두 사례는 최화숙의 『아름다운 죽음을 위한 안내서』에 나오는 것입니다.

<눈을 감기 직전 베드로를 목격한 17세 소년>

골수암으로 오른쪽 다리를 절단했던 이 군은 그때 열일곱 살이었습니다. 열다섯 살인 중학교 3학년 때 발병하여 열심히 치료했지만 폐와 뇌에 전이되어 결국 호스피스에 입원했습니다. 형과 어머니가 극진히 이 군을 보살피는 모습이 감동적이었습니다.

(중략)

호스피스에서 방문한 다음날 아침부터 이 군은 자꾸 무엇이 보인다며 하늘을 쳐다보았습니다. 전혀 아프다는 소리도 없었고 호흡 곤란도 없었는데 이 군은 계속해서 하늘을 쳐다보더니 "베드로가 보여요"라면서 어머니에게 "그 옆에 빛나는 분이 누군지 아세요?"라고 물었습니다. 어머니가 아무것도 안 보인다고 하자 이 군은 "큰일났다. 우리 엄마는. 나는 천국 가는데 우리 엄마는 지옥 가겠다고 하면서 엉엉 울었습니다. 당황한 어머니는 아무것도 안 보이지만 아이의 마음을 위로하기 위하여 "저거 말이냐? 나도 이제 보인다"라고 둘러댔습니다. 그러자 이 군은 너무나 좋아하면서 어머니에게 그의 눈에 보이는 하늘의 모습을 하나하나 가리키며 설명해 주었습니다.

이 군의 어머니는 그날 저녁 무렵 이 군이 어머니의 손을 잡고 "저거 보았죠? 나 먼저 갈 테니 나중에 오세요" 하고 숨을 거두었다면서 "우리 아이는 꼭 천국에 갔을 거예요. 확신이 들어요"라고 말했습니다.

어떤 현상에 대하여 보통 사람들은 이상하게 생각하지만 사실 죽음에 임박한 사람이 이 세상과 저 세상을 동시에 보는 것은 흔히 일어나는 일입니다. 우리 몸에서 영혼이 빠져나갈 때는 대개 2~3일 또는 몇 시간이 소요되는데 그때 아마 잠깐씩 양쪽 세계를 다 보게 되는 것 같습니다. 대부분의 사람들은 눈을 감기 2~3일 전에 그런 현상을 경험하지만 더러는 그보다 훨씬 일찍부터 경험하는 분도 있습니다.

<"빛이 보인다" 하고 숨을 거둔 경영인>

　김연준 씨는 세 개의 회사를 경영해온 60세의 남자였습니다. 친구가 의사로 있는 종합병원에서 간암 말기 진단을 받고 입원했습니다. 친구인 민 박사는 그가 평소 사리분별이 정확하고 또 회사도 정리해야 할 필요가 있을 것 같아 본인에게 현재의 건강 상태를 설명해 주고 교과서에 쓰여 있는 대로라면 잔여 수명이 약 3개월 정도라는 이야기를 해 주었습니다.

　호스피스에 입원한 그는 똑바로 무릎을 세운 채 치아가 부딪치는 소리가 들릴 정도로 덜덜 떨고 있었습니다. 무언가 무서운 것이라도 보고 있는 듯 두 눈을 크게 부릅뜨고 공포에 질린 얼굴로 천정만 응시하고 있었습니다. 그는 "지옥에 갈까 봐서"라고 말했습니다. "친구인 민 박사로부터 간암 말기라는 말을 듣자 갑자기 지나온 제 삶이 파노라마처럼 스쳐 지나갔어요. 이제 죽으면 어떻게 될까 생각해 보니 나는 잘한 것이 아무것도 없어서 죽으면 꼼짝없이 지옥에 갈 수밖에 없겠구나" 하는 생각이 들더군요.

　그래서 호스피스 전문의가 지옥에 가지 않는 방법을 알려주자, 김연준 씨는 그 자리에서 곧바로 그 방법을 받아들였습니다. 그 후 안도감이 들면서 온몸이 풀렸다고 말했습니다.

　그는 평온한 가운데 회사의 중역들을 불러 회사에 대한 이야기를 나누고 친한 친구들을 불러 마지막 인사를 나누었습니다. 성직자에게도 감사했습니다. 부인에게는 먼저 갈 테니 나중에 만나자고 하면서 본인이 원하는 방식으로 장례를 치러 달라고 당부하였습니다.

그런 다음 "빛이 보인다"라는 말을 남기고 눈을 감았습니다.

근사체험과 관련하여 적극적이고 잊을 수 없는 한 남자의 사례
가 있습니다. 엘리자베스 퀴블러-로스의 『사후생』이라는 책에 나오
는 사례입니다.

<죽었다가 다시 산 남자>

전몰장병기념일에 긴 주말, 시외에 있는 어떤 친척을 방문하려고
전 가족이 차를 몰고 가고 있었고 그는 중간에서 타기로 하였습니
다. 그런데 그를 데리러 가는 동안, 장인과 부인과 여덟 명의 아이들
이 탄 승합차는 휘발유 운송차에 부딪쳤고 휘발유가 차에 쏟아지면
서 불이 나 온 가족이 타 죽고 말았습니다.

사고 소식을 들은 남자는 몇 주일 동안 완전히 공황상태에 빠져
마비된 채로 있었습니다. 그는 직장을 그만두고 완전 부랑자로 밑바
닥 삶을 살고 있었습니다. 그는 이전에 가족들이 죽기 전까지 완전
실신 상태로 지내다가 이미 하늘나라에 간 가족들과 합치려고 필사
적으로 노력했습니다. 그러던 중 달려오는 대형트럭을 보았으나 피
할 힘도 없었고 피하려고 하지도 않았습니다. 그는 죽어서 그의 영
혼이 사고현장을 내려다보게 되었습니다. 그리고 이때 찬란한 빛과
함께 행복한 미소를 짓고 있는 가족들을 만나 재회를 즐겼습니다.

얼마나 긴 시간이었는지 모르지만 그는 자기가 세상 속에서 자기와 같은 삶을 살고 있는 사람들을 만나 설득하기로 결심하였습니다.

그는(그의 영혼은) 엉망이 된 트럭 운전사가 자기를 차 안으로 옮기는 것을 보았고 앰뷸런스가 사고 현장에 급히 도착하는 것을 보았습니다. 그는 병실로 옮겨져서 거기서 마침내 육체로 돌아왔습니다. 자신을 얽어매고 있던 붕대를 툭 끊어 버리고 응급실 밖으로 걸어 나왔습니다. 신기하게도 그에게 있었던 술과 약으로 인한 정신착란이나 어떠한 후유증도 사라지고 완치되었습니다. 그 후 그는 죽음 이후의 삶의 존재에 대하여 증언하고 다녔습니다. 그는 수백 명의 호스피스 근무자들과 함께 우리의 육체는 영원불멸의 자아를 둘러싼 껍질에 지나지 않는다는 완전한 지식과 깨달음을 나누게 되었습니다.

물질불멸의 법칙이란, 물질은 여러 가지로 변화하나 물질을 구성하고 있는 요소의 조합이 변할 뿐이며 물질의 본질이라 할 수 있는 질량은 보존된다는 의미입니다. 물질의 본질이 불멸한다면 인간의 영혼도 영적 세계 어디엔가 존재하고 있을 것입니다. 따라서 물질불멸의 법칙으로부터 '영혼불멸(Immortality of soul)'의 법칙을 추론(推論)합니다.

지고지순한
사랑

사랑은 인간 생활의 최후의 진리이고 최후의 본질이다.

- 슈와프

〈세상에서 제일 예쁜 내 딸〉이라는 KBS 드라마에서 부인(박정수 분)은 남편(주현 분)에게 "당신 먼저 세상을 떠나는 게 낫겠다. 그렇지 않으면 혼자서 외롭고 며느리로부터 천덕꾸러기로 살다가 죽게 될 것 같다"라고 말합니다. 이는 부인이 남편에 대해 배려하는 권면이었습니다. 아마 모든 부인의 생각을 대변해 주는 말일 것입니다. 이것은 노쇠(老衰)하여 죽음을 앞둔 부부에게 절실하고 절박한 문제입니다. 대개 창조주의 섭리로 남편이 아내보다 세상을 먼저 떠납니다. 부부의 진실하고 아름다운 사랑은 인생의 완성입니다.

영국 《데일리 메일》[24]에는 한날한시에 세상을 떠난 부부 얘기가 소개되었습니다.

<함께 죽자고 약속했던 어느 부부의 순정>

한날한시에 죽자던 노부부가 소원을 이루었습니다. 캐나다의 아내 제넷 토츠코(96)와 남편 알렉산더 토츠코(95) 커플은 아주 청순했습니다. 이 둘은 1970년대 초 미국 캘리포니아주 샌디에이고에 이사 와서 2015년 7월 초 자신들의 침대 위에서 서로 끌어안고 몇 시간 간격으로 세상을 떠났습니다.

이 부부는 8세부터 친구로 지내다가 1940년에 결혼하여 5명의 자녀를 낳고 75년 동안 낭만적인 결혼생활을 유지했습니다. 그리고 남편 알렉산더는 자신의 지갑 속에 아내의 사진을 항상 품고 다녔습니다.

그러나 몇 주 전 알렉산더는 넘어져서 골반뼈를 다쳤고 그 이후로 건강이 급속히 악화됐습니다. 그의 아내 제넷도 시름시름 앓고 있었습니다.

호스피스 병원에 입원 중이던 부부는 손을 꼭 잡은 채 몇 시간 간격으로 사망했는데 자녀들 말에 의하면 '서로의 품에서 죽는 것이 소원'이라고 늘 말하곤 했다는 것입니다. 그리고 살아생전에 서로 떨어지는 것을 아주 싫어했습니다. 그러다가 한날한시에 죽자던 그들의

---

24 https://www.dailymail.co.uk/news/article-3144803

소원은 기적처럼 이뤄졌습니다. 딸은 부모님이 마치 하나의 심장을 가진 것 같았다고 말했습니다.

딸이 아버지의 사망 소식을 어머니에게 전하자 어머니는 숨을 거둔 남편을 품에 껴안고 "이게 당신이 원했던 거죠? 난 당신을 사랑해요. 사랑합니다. 기다려 주세요. 내가 곧 당신께로 갈게요"라고 말하고 나서 몇 시간 지나 숨을 거두었습니다.

호스피스 간호사는 부부가 함께 자연사하는 것은 믿을 수 없는 일이라고 말했습니다. 아들은 자기 부모가 손을 잡고 함께 천국 문으로 들어갔다고 말했습니다. 그리고 이 부부는 2015년 7월 6일에 함께 장례되었습니다.

영적 평안이
최고의 행복입니다

먼저 하느님과 화목하십시오

우리는 육신을 가졌기 때문에 먹어야 살고 무한 경쟁 속에서 열심히 노력해야 도태되지 않고 생존할 수 있습니다. 정직하게 쌓아올린 명예, 부지런하고 지혜를 다하여 축적한 재산, 열심히 공부하고 노력하여 얻은 지식, 어렵게 맺은 인간관계 이런 것들은 얼마나 소중한지 모릅니다. 그러나 아무리 소유가 많고 권력이 많아도 세상이 주는 것은 소금물을 들이키는 것과 같습니다.

세상 것은 가지면 가질수록 또 다른 더 큰 욕심을 낳습니다. 또 적당한 선에서 만족할 줄 모르면 개인적으로 불행해집니다. 세상에서 살다 보면 탐욕을 부리게 되고 경쟁하고 질투하며 미워하고 많은 죄를 짓게 됩니다.

세상 안에 살다 보면 온통 세상이 전부인 것 같습니다. 그러나 우리가 정신 차리고 보면 세상일이라는 게 무언가 알 수 없는 외부의 힘에 의해서 움직여진다는 사실을 알 수 있습니다. '사필귀정', '인과응보', '권선징악', '하늘은 스스로 돕는 자를 돕는다(蒼天不負苦

心人)', '지성이면 감천이다'라는 말들이 왜 생겼을까요? 이 말들은 세상질서에 영향을 주는 상위법칙(上位法則)이 있다는 것을 시사(示唆)하는 것입니다.

영적으로 행복하지 않다면 행복한 것이 아닙니다. 세상 사람 모두와 화해하고 잘 지낸다고 하더라도 하느님과 화목하지 않으면 무익합니다. 수평적 인간관계와 마찬가지로 수직적 하느님 관계가 중요합니다.

무신론적 실존주의

인간의 마음 한복판에 '자기'가 들어앉아 있으면 모든 결정을 '자기'가 해야 합니다. 그러나 인간의 마음 중심에 그리스도에게 자리를 양보하면 그리스도가 우리의 인생을 선한 길로 인도하십니다. 두 가지 부류의 사람들이 있습니다. 첫째는 니체, 하이데거, 사르트르와 같이 신(神)을 부정하고 그저 영(靈)과 육(肉)이 합해진 인간이라는 존재가 세상에 던져졌다고 인식하고 있습니다. 그리고 이 인간은 모든 것을 스스로 택하고 결정하며, 철저히 자유인으로 살아갈 수 있는 능력이 있다고 믿는 사람들이 바로 무신론적 실존주의자들입니다. 이들은 자신이 자기 인생의 주인이기 때문에 신(神)의 개입이나 간섭을 거부하는 사람들입니다. 신의 도움 없이도 자신의 운명을 충분히 개척해 나갈 수 있어 자신들의 자유와 신(神)은 도저히 양립할 수 없다고 주장합니다.

유신론적 실존주의

둘째는 유신론적 실존주의자들입니다. 이들은 인간의 한계를 인정하고 하느님의 말씀이 없으면 물에서 튀어나온 물고기와 같아 살 수 없는 존재라고 생각합니다. 온 우주와 인간세계는 하느님의 말씀과 능력의 지배하에 있다고 굳게 믿으며 자기 안에 그리스도를 주인으로 모시고 사는 자들입니다.

인간은 살아 있는 동안 선택할 기회가 있습니다. 유신론자가 되든지 무신론자가 되든, 선을 행하든 악을 행하든 무엇이나 선택이 가능합니다. 하느님은 인간을 로봇(robot)으로 만드신 것이 아니라 무엇이든 자기 의지대로 선택할 수 있는 자유인(自由人)으로 창조하셨기 때문입니다. 심지어 하느님의 뜻을 저항하고 배척할 수도 있는 자유를 주셨습니다. 그러나 그 선택 행위에 대해서는 책임이 따르도록 했습니다.

자신이 의인(義人)이고 죄(罪)가 없으며 하느님 없이도 살 수 있다고 생각하는 사람은 자기 길로 가면 됩니다. 그러나 자신이 죄가 있다고 생각하고 하느님의 도움이 반드시 필요하다고 생각하는 사람은 회개를 통해서 하느님과 화해해야 합니다.

그리스도와 인격 대 인격으로 만나십시오

수고하고 무거운 짐 진 자들아 다 내게로 오라 내가 너희를 쉬게 하리라 나는 마음이 온유하고 겸손하니 나의 멍에를 메고 내게 배우라

— 성경 마태복음 11장

사실 예수님을 믿고 그분이 주시는 영적 평안을 얻는다는 게 쉬우면서도 어렵습니다. 사람에 따라 다릅니다. 따라서 필자가 경험하고 생각한 방법을 말하고자 합니다. 하느님께서 사람을 만나주시는 방법은 여러 가지가 있으나 그중 한 가지 방법을 소개합니다.

구약 성경은 예수님이 오시기까지의 역사를 기록한 책이고 신약성경은 예수님께서 오셔서 말씀하신 천국과 그리스도인의 마땅한 삶에 관한 내용입니다. 신약성경은 27권으로 구성되어 있습니다. 그 가운데 예수님의 행적을 기록한 네 권의 공관복음이라는 성경책이 있습니다. 마태(마태오), 마가(마르코), 누가(루가) 그리고 요한(요한) 복음입니다. 우선 이 네 복음서 중에서 한 개의 복음서를 선택하여 찬찬히 그리고 철저하게 읽어 나가십시오. 몇 번이고 탐구심을 가지고 천천히 그러나 매우 진지하게 읽어 나가십시오 그러면 하느님께서 당신을 깨닫게 도와주실 것이고 당신은 그분의 인격을 믿고 신뢰하게 될 것입니다. 어떠한 경우도 당신을 버리지 아니하시고 세상 끝날까지 그리고 영원한 세상까지 당신을 품어 주실 것입니다. 진선미(眞善美)의 예수를 만나십시오. 그의 말씀대로 그분은 '길이요, 진리요, 생명'이십니다.

가까운 성당이나 교회에 정기적으로 출석하여 훌륭한 신부님이나 목사님의 지도를 받는 것과 신앙이 좋은 사람들과의 친교가 절대적으로 중요합니다. 그리고 그분의 말씀(성경)대로 순종하기 위하여 애쓰십시오. 영적 평안은 바로 예수님을 만나는 데서 출발합니다. 그분과 함께 살면서 의지하십시오. 당신은 지금부터 죽음을 두려워할 필요가 없을 것입니다. 그분이 죽음을 이기셨듯이 당신도 죽음을 이기고 새로운 몸으로 부활할 수 있습니다. 세상이라는 썩은 동아줄을 붙잡지 말고 영적 소망인 황금 동아줄을 붙잡아야 영원히 삽니다.

진리가
행복하게 해 줍니다

하느님은 인간 행복의 최종 목적지입니다.

인간의 행복은 하느님과 영적일체(一體)를 이루는 데 있습니다. 당신 인생의 최후의 날은 언제 입니까? 인간에게 있어서 최초의 날과 최후의 날이 가장 중요합니다. '오늘'이 당신의 최초의 날인 동시에 최후의 날인 것처럼 사십시오.

한 예화를 들려드리겠습니다. 한 청년이 진리를 갈망한 나머지 유명한 도사에게 찾아갔습니다. "선생님, 저에게 진리를 가르쳐 주십시오". 그러자 그 도사는 청년을 물가로 데려갔습니다. 그리고는 다짜고짜 그 청년의 머리채를 잡아서 물속에 집어넣었습니다. 청년이 거의 죽을 지경이 되자 도사는 청년을 풀어주고 물었습니다. "그대가 물속에 잠겼을 때 가장 원하는 것이 무엇이었는가?" 청년은 "숨을 쉬고 싶었습니다"라고 했습니다. 도사는 "그래, 바로 진리란 그와 같은 심정으로 찾아야 하네"라고 말하고 사라졌습니다. 대부분 세상의 신기루만을 쫓다가 진리를 모른 채 떠납니다. 그러나 일생 중 가장 중요한 일은 행복을 주는 진리를 발견하는 것입니다. 진리 가운데 행복이 있습니다. 공자도 아침에 도(진리)를 깨친다면 저녁에 죽어도 좋다고 말했습니다(朝聞道, 夕死可矣).

인간은 생애 동안 반드시 자기 목숨을 기꺼이 바칠 만한 진리를 발견해야 합니다. 평생을 살면서 진리에 관심조차 없거나 이를 찾지 못하고 죽는다면 이것처럼 허무한 인생은 없을 것입니다. 얼마 전 원로배우 신영균 씨(91세)가 약 500여억 원이나 되는 막대한 재산을 사회에 기부하면서 노블레스 오블리주(noblesse oblige)의 귀감이 되었습니다. 그분이 관속에 성경책만 넣어 달라고 부탁한 것을 보면 최고의 진리가 그리스도라고 깨달았음에 틀림이 없습니다. 그가 발견한 진리로 인하여 이 세상과 천국에서 영원히 행복하리라고 믿습니다.

알렉산더 대왕의
피날레

알렉산더 대왕은 누구인가?

알렉산더 대왕(B.C. 356~323, 재위 B.C. 336~323)은 20세에 마케도니아의 왕으로 즉위하여 북쪽 아이슬란드로부터 말레이반도, 이집트와 오늘의 터키, 이라크, 이란을 장악했습니다. 그는 마케도니아군과 그리스 동맹군으로 구성하여 전투요원 3만에 기습 부대 5천 규모의 원정대로, 주력 기마부대, 궁수부대, 전차부대, 보병부대, 첨병 등 다양한 부대를 유기적으로 결합시켜 탁월하게 운용하였습니다. 항상 선두에서서 진두지휘하였습니다. 그는 지략가이며 용감한 자였습니다. 천재적 군사 전문가였습니다. 더 이상 정복할 나라가 없어 심심하다고까지 말했습니다.

13세 때부터 3년간 아리스토텔레스로부터 그리스 철학과 많은 문화를 배웠습니다. 그는 철학과 의학, 과학에도 유능한 사람이었습니다. 그래서 역사학자, 지리학자, 건축가, 자연 과학자들이 그의 원정길에 동행하였습니다.

그는 멀리 인도까지 정벌하려 하였으나 거대한 코끼리 부대가 있다는 현지인들의 조언과 피곤에 지친 병사들의 반대로 인도 정벌을 포기하고 회군하던 중 바벨론에서 술을 마시게 되었습니다. 그런데 이로 인해 갑자기 열병이 발생하여 33세의 나이에 죽음을 맞이하게 되었습니다. 그의 최대 업적은 그리스 문화와 오리엔트 문화를 융합시켜 헬레니즘이라는 문화를 만든 것입니다. 예수님에 관한 신약 성경도 헬라어로 기록되었습니다. 그는 죽음이 임박함을 인식하고 세 가지 유언을 하였습니다.

알렉산더 대왕의 세 가지 유언[25]

첫째 유언

그는 주치의가 자신의 관을 무덤까지 운반하도록 했습니다. 의사는 아무도 치료할 수 없다는 것을 깨닫게 하고자 그랬다고 합니다. 그의 장지는 이집트의 알렉산드리아였습니다. 그러나 이집트의 당시 수도인 멤피스에 묻혔다는 설이 있습니다. 그는 임종할 즈음 어머니를 그토록 보고 싶어 했으나 보지 못하고 느브갓네살 왕의 궁전에서 일생을 마치게 되었으니 정말 절망감이 컸을 것이고 자기의 열병을 낫게 하지 못하는 의사들이 한없이 원망스러웠을 것입

---

25 출처: 포지티브 싱킹(https://sites.google.com/site/positivethinkingclub/the-three-last-wishes-of-alexander-the-great).

니다. 그래서 의사들에게 자신의 관을 무덤까지 운반하라는 지시를 내렸습니다. 의사들도 결국 죽게 되며 죽을 사람을 살리지 못함을 깨닫게 하고 싶다고 말했습니다. 이것은 주치의들에 대한 대왕의 깊은 실망감의 우회적 표현이었습니다.

둘째 유언

그는 묘지로 가는 길에 금은보화 창고 문을 열어 시신을 운반하는 길에 조금씩 뿌리라고 명령했습니다. 대왕은 평생 동안 부를 축적하는 데 세월을 보냈지만 이 세상을 떠날 때는 금 한 쪽도 소유할 수 없다는 것을 사람들에게 깨닫게 하려고 하였습니다. 그리고 사람들이 부자가 되기를 열망할 때 귀중한 시간과 에너지가 낭비되고, 마음의 평온함이 깨어진다는 것을 모든 인생들이 깨닫기 원했습니다. 재물이 최고인줄 알고 전리품으로 진귀한 보석과 황금을 모았으나 이것도 부질없는 짓임을 죽음에 임박해서야 깨닫게 되었던 것입니다.

마지막 유언

그는 관에서 손을 내밀게 해 달라고 했습니다. 기괴한 부탁이었지만 감히 대왕에게 이유를 묻는 사람이 없었습니다. 그러나 그중 대왕이 가장 친애하던 장수가 매우 정중하게 여쭈어 보았습니다. "대왕님, 그런 법은 없습니다. 무슨 특별한 이유라도 있으신지요?" 그러자 대왕이 대답했습니다. "내가 세상을 다 손에 쥐었던 것을 자네도 알지 않나? 하지만 세상을 떠날 때는 빈손으로 돌아감을 모든 사람에게 증명해 주고 싶다". 그렇게 말하고 그는 장렬(壯烈)하게 숨을 거두었습니다.

그는 13년 동안 맹렬하고 용감하게 싸웠습니다. 아마 그가 열병으로 33세의 나이에 죽지만 않았더라도 더 많은 업적을 쌓았을지 모릅니다. 아마도 하느님께서 그의 무참한 정벌을 합당하게 생각하지 않으셨는지도 모릅니다. 아무튼 그는 치열(熾烈)하게 살았고 죽을 때도 대왕답게 쿨(cool)하게 생을 마감했습니다. 그에게는 'The Great'라는 경칭이 붙어 있습니다. 그의 시신을 운구하는 수레는 66마리의 노새가 끌 만큼 화려하고 보석 자체였지만 그가 인간의 운명을 벗어나지 못했습니다.

인간은 맨몸으로 와서 맨몸으로 갑니다.

(空手來空手去)

- 『정산종사법어』

그가 모태에서 벌거벗고 나왔은즉 그가 나온 대로 돌아가고 수고하여 얻은 것을 아무것도 자기 손에 가지고 가지 못하리니

- 성경 전도서 5장

유서
쓰기

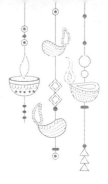

> 지혜로운 사람에게는 삶 전체가 죽음에 대한 준비이다.
>
> - 키케로, B.C. 106~143

당신이 유서를 쓴다고 해서 지금 당장 죽는 것은 아닙니다. 그러니 한 번 시도해 보십시오. 유서는 재산을 자녀들에게 분배하는 유서와 정신적 교훈에 관한 유서로 구분할 수 있습니다. 유서를 써 보면 삶이 달라지고 숙연해집니다. 좀 더 진지해지고 겸허해지며 자기 인생을 돌아보게 됩니다. 그래서 이것은 본인에게 매우 유익한 행위입니다. 유서는 죽기 전까지는 언제나 수정이 가능하므로 겁먹지 말고 써 보십시오. 유서를 통해 자신의 인생을 한 단계 업그레이드할 수 있습니다.

천주교 성직자들은 미리 유서를 써서 교구 사무처에 제출한다고 들었습니다. 그리고 본인 요청으로 수정이 가능하다고 합니다. 유서로 사후 장기 기증 의사를 밝히기도 하고, 연명치료를 거부하겠다는 의사를 밝힐 수 있습니다. 미리 유서를 쓰는 것은 죽음 후에 자신의 주변 정리를 위해 매우 좋습니다. 유서는 평소에 발견하지 못하고 깨닫지 못했던 자신의 모습을 새롭게 발견하게 해 줍니다.

유서는 죽음 준비의 한 과정입니다. 따라서 유서를 한 번 써 보는 것도 인생의 좋은 경험이 될 것입니다. 교훈적 유서에는 후손들에게 당부하고 싶은 마지막 말을 씁니다. 따라서 자기의 모든 가치관과 이념 등을 반영할 수 있습니다.

유서를 쓴다는 것은 한 개인의 생애를 총정리하는 죽음의 리허설처럼 장엄하고 엄숙한 것입니다. 유서에는 국민건강보험공단에서 발급하는 사전연명의료의향서 등록증과 자신의 장례식에 대하여 초청 대상과 의식, 수의, 장례 방법 등을 진술하게 밝히는 사전장례의향서 내용을 첨부할 수 있습니다. 아무튼 유서를 쓴다고 해서 당장 신상에 무슨 변동이 생기는 것이 아니므로 꼭 써 보시기 바랍니다. 유서는 사후 세계를 생각하게 하는 중요한 단초입니다.

그리고 스마트폰이나 컴퓨터에 한 번 쓴 댓글이나 내용들은 사람이 죽는다고 해서 저절로 사라지지 않습니다. 따라서 유족이 디지털 장의사(cyber undertaker)에게 의뢰하여 사이버상에 남아 있는 고인의 모든 기록을 삭제해야 합니다. 그러므로 이런 일을 없애려면 세상에 휩쓸리지 않고 초연(超然)해야 합니다.

톨스토이는 『부활』이라는 소설에서 주인공, 네플류도프를 내세워 마태복음 18장에 나타난 겸손과 용서가 세상의 정치, 경제, 사회, 법률, 종교적 타락을 회복할 수 있으며 겸손과 용서만이 인류와 개인의 모든 불행에서 생명의 부활로 이끄는 행복의 길이라고 끝을 맺었습니다.

　행복만큼 인간들이 절실히 추구하는 것은 없습니다. 그러나 행복만큼 인간에게 가까이 있는 것도 없습니다. 책을 마무리하면서 행복은 결국 마음속에 있다는 사실을 부각시켰습니다. 마음이란 바로 내 안에 있는 것입니다. 그러므로 내가 이 마음을 얼마나 잘 다스리는가에 달려 있습니다. 마음은 출렁이는 파도와 같습니다. 그래서 늘 잔잔하도록 안정시키고 평화롭게 유지해야 합니다.

　가장 지혜롭고 효과적인 방법은 먼저 주어진 환경에 깊이 감사하는 것입니다. 감사를 깨닫는 순간 행복감이 밀려옵니다. 다음으로는 창의적으로 감사 생활을 만드는 것입니다. 탐욕을 버리고 작은 일에도 감사하고 감격하는 생활 태도를 습관화하는 것입니다. 그리고 긍정적인 마음을 가지십시오. 예를 들어 '그만하길 다행이다', '내일은 반드시 좋은 일이 있을 거야'라는 등의 희망을 품는 것입니다. **하느님 안에 귀하의 행복이 있습니다.**

2019년 12월

임승만(안토니오)